宪梓与山中学

芸东山中学 编

九州出版社
JIUZHOUPRESS

图书在版编目（CIP）数据

曾宪梓与东山中学 / 广东梅县东山中学编. —北京：
九州出版社，2023.3

ISBN 978-7-5225-1719-3

Ⅰ.①曾… Ⅱ.①广… Ⅲ.①曾宪梓（1934-2019）
—纪念文集 Ⅳ.①K825.3-53

中国国家版本馆CIP数据核字（2023）第051548号

曾宪梓与东山中学

作 者	广东梅县东山中学 编	
责任编辑	刘 嘉	
出版发行	九州出版社	
地 址	北京市西城区阜外大街甲35号（100037）	
发行电话	（010）68992190/3/5/6	
网 址	www.jiuzhoupress.com	
印 刷	天津中印联印务有限公司	
开 本	880毫米×1230毫米 32开	
印 张	9.25	
字 数	200千字	
版 次	2023年3月第1版	
印 次	2023年3月第1次印刷	
书 号	ISBN 978-7-5225-1719-3	
定 价	69.00元	

本书编委会

主　　编：郭思健

副 主 编：林铭绪

执行主编：刘丽平　　饶松浪

责任编辑：谢秋宜　李陈佳　黄明珠　林　笑

　　　　　余贤辉　李群喜　陈　兴

序　言

郭思健

2023年4月1日，东山中学建校110周年。为感怀杰出校友曾宪梓先生光辉灿烂的一生，感念先生的大爱情怀，寄望于东山人学习和传承东山精神，赓续红色基因，我们特编辑了《曾宪梓与东山中学》这一文集。

曾宪梓，1934年生于广东梅县，1951年就读东山中学初中部，1956年于东山中学高中毕业，次年考入中山大学生物系。先生在东中六年的求学生涯中，勤劳刻苦、热爱运动、尊师孝亲，对生活对未来充满炽热之情，给同窗和老师们留下了深刻的印象。

曾宪梓先生1961年中山大学毕业后，分配到广东省农科院工作，1963年经香港赴泰国，1968年从泰国返回香港创业，以六千港元起家进入领带行业。几经艰辛努力，创立了"金利来"品牌。

曾宪梓先生在香港艰苦创业之初，无论怎样的艰苦清贫，心中那份勇敢开创、忠心报国的火炬之光从来没有熄灭。先生凭着自己"勤俭诚信"的精神底色，刻苦努力，一步一个脚印地在开创事业之路上不断前行。

1978年，叶剑英元帅会见事业有成的宪梓先生，叶帅对他说："家乡的经济建设、教育事业还很落后，希望你能多支持家乡的发展。"一声叮嘱点燃了先生那份赤子情怀。从此,先生开始了四十年的忠心报国之路。四十年来,曾宪梓先生为国家的文教、卫生、体育、航天事业以及社会各项公益事业捐资超过12亿元人民币。

曾宪梓先生是中山大学名誉博士、香港理工大学社会科学系荣誉博士,获香港特别行政区大紫荆勋章,曾任第八至第十届全国人大常委会委员、香港特别行政区第九至第十二届全国人民代表大会代表选举会议成员、香港特别行政区第一至第三届选举委员会成员、香港特别行政区筹备委员会委员、香港事务顾问、香港基本法咨询委员会委员……无论何种身份,先生始终心系祖国,情系桑梓。

今天,收集了有识之士,校友,东中老校长、老教师等回忆文章汇编的文集《曾宪梓与东山中学》终于与大家见面了。文集还收录了宪梓先生给东山学子的励志讲话稿、校庆贺信贺电、题词和媒体的采访稿及一些具有纪念意义的图片。

文集尝试从三个部分展现一个有血有肉有灵魂、大爱大义大情怀的曾宪梓先生——

第一部分《拳拳之忱　灏灏之义》——曾宪梓留给后人的精神财富。四十年来,先生坚持回馈母校,回馈社会,回报祖国,深刻地诠释了大爱大义。有识之士和校友们追根溯源,深刻全面地解读了他身上的血气和胸襟,笔下的文字生动地展现了先生丰富的人格魅力。

第二部分《滋兰百载　树蕙千秋》——曾宪梓留给东山学子的精神财富和物质财富。这部分收录了先生从1979年到2019年,四十年时光里对母校的牵挂和回馈,包括先生捐资助学盛举的记录以及先生给母校学子的励志讲话稿、校庆贺信贺电、回母校参加活动的图片等，生动真实地呈现了先生的赤子之心。

第三部分《半世相逢　少年如风》——曾宪梓的老师和同学回忆先生青少年时期在东中的求学路，以及先生念师恩、思同学的真实朴素的情怀。点点滴滴的温暖回忆，串珠成篇，展现了生动热情的少年曾宪梓。

通过编辑此文集，我们能看到怀揣赤子之心的曾宪梓先生对养育他成长的家乡、母校的感恩；亦能读懂先生对家乡、母校无比炽热的感情。文集记载的是先生的成长和回报家国的故事，更是无数走出故园、依然深爱家国的游子的共同情怀。从年少求学到中年事业有成，再到矢志报国的人生历程，我们见证了曾宪梓先生的大志、大爱。

曾宪梓先生是怎样一步步走上光辉灿烂的人生之路的？先生是如何将自己的人生价值与对家国炽热的情感融合起来的？我们试图从"曾宪梓与东山中学"这个小小的角度，给大家展现东山精神是如何涵养曾宪梓先生赤胆忠心的大胸怀。

编辑这本文集，不仅仅是为给东山人留点回忆，是给一篇篇故事、一个个瞬间做个记录，更重要的是因为我相信，一点一滴都是一盏灯，都有一股力量，有传承便能汇聚成光。我以及更多的东山人也深深地相信，东山精神，会在这片红色的土地上，代代相传。我们深深地期待，曾宪梓先生不平凡的一生和伟大的情怀，能激励东山人追随光，靠近光，成为光，散发光！

目　录

第三部分　半世相逢　少年如风

第一部分

拳拳之忱　灏灏之义

东山中学这座传奇而富有诗意的校园，孕育了一批批富有伟美神韵与人文气息的学子。翻开东中校史，元帅叶剑英、开国中将萧向荣、全国政协原副主席叶选平、广东省委原书记林若、全国人大常委会原委员曾宪梓、中科院院士曾毅……一批政界精英、学界奇才、商界巨子赫然呈现。他们与历数不尽的园丁学子、华侨乡贤一道，谱写了恒久流传的办学故事，织就了瑰玮壮丽的历史画卷。

（一）字字金玉字字真

建校110年来，东山人恪守"勇俭爱诚"的校训，力行"严勤细实"的教风，崇尚"勤奋好学"的学风，弘扬"团结进取"的校风，在风声、雨声、读书声中谱成了百年壮怀激越的动人乐章。

"勇俭爱诚"的东中校训，为东山中学创办人之一、第三任校长叶菊年先生（1915年秋接任东中校长）所撰。

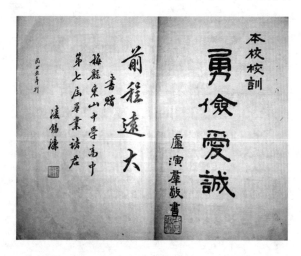

东山中学校训

校训"勇俭爱诚"系词：

四民首士，道远任重，学务时敏，持之以勇；能节恒裕，为奢必滥，物力维艰，守之以俭；物与民胞，夙铭张载，仁为元善，道在博爱；天地无息，博厚高明，人与之参，不外一诚。

浸润其间的东山人努力将"勇、俭、爱、诚"的精神内涵践行到学习生活工作中，从而塑造了东山人勇敢、勤俭、友爱、诚实的优秀品格。百年来，这一精神灵动延绵，生生不息。

（二）牢记嘱托起行之

曾宪梓曾深情地说："我和叶帅虽然是同乡，但我是晚辈。我们梅县人和港澳同胞都很敬仰这位国家领导人，以他为荣。他开导我们团结海外侨胞，支援国家建设，我以我的余生尽力去办，以报答他老人家的恩情。"曾宪梓是这样说的，也是这样做的！改革开放后，曾宪梓开始实践报效祖国、造福乡梓的诺言。

东中的近半个世纪的发展，都倾注着他的爱。自1978年为母校东山中学添置教学器材后，陆续为母校捐建"宪梓教学楼""宪梓图书馆"，合资捐建"七十周年纪念大楼"、捐建"宪梓大礼堂"、捐建"曾宪梓运动场"及捐资重修母校开基校址"东山书院"等。此外，他还为母校捐赠大批图书资料并设置奖教奖学金。东中的发展离不开曾宪梓校友的鼎力资助，他的捐资行动带动了一大批校友和社会贤达。爱校、爱乡是他爱国主义思想的重要组成部分。"我要在有生之年，多为祖国做好事，多为家乡人民留爱心。"他是言必信，行必果的人，从此他在爱校、爱乡、爱国之路上，走过了光辉灿烂的40年！

（三）松风存而余韵在

"我是一个做领带起家的平平常常的商人，是祖国和人民的培养使我成为有知识、有文化的人。我以自己的方式回报祖国是完全应该的，国家和社会给予我的荣誉，是对我的一种莫大鼓励。祖国有恩于我，我必将终身回报祖国。只要金利来不破产，曾宪梓还活着，我对祖国的回报就不会停止。"这些朴素言语，显示了他的道德情操。

他捐助教育、体育、航天事业，设立"曾宪梓教育基金会""曾宪梓载人航天基金""曾宪梓体育基金""曾宪梓慈善基金"，等等。他超越常人的嘉德懿行，让他在人们心中竖起了一座座丰碑，一生获"大紫荆勋章""中华慈善奖"""改革先锋'称号""倾力支持国家改革开放的香港著名企业家""全球客家事业杰出贡献奖"等奖项和称号；编号第3388号小行星被命名为"曾宪梓星"，在璀璨的星河中熠熠生辉。

"勤俭诚信"是我一生践行的原则

　　我常以东中母校为荣,她具有优良光荣传统,她为社会培养了不少杰出人才。我很怀念在东中6年学习的生活,校长、恩师们治学严谨和谆谆教诲,为我们顺利完成大学学业打下了坚实的知识基础。在此,对哺育我成长的校长、恩师们致以崇高的敬意和衷心的感谢!

　　我的创业之路,以勤、俭、诚、信四个字作为座右铭。我亲手创立的金利来集团,就是遵守这一原则,从无到有,从小到大,发展成为今天商务遍及国内、东南亚、辐射欧亚两大洲的多元化企业集团。

　　今天,我有了事业,我选择了终生回报祖国,尽自己的能力,为祖国做一些有益的事情。一直以来,我为自己规定任务,每年都要支持家乡文教和公益事业。据不完全统计,我在内地和香港捐资逾五亿七千万元,而在家乡梅州的捐赠共约一百多个单位二百多个项目,金额近一亿元,其中在教育方面的资助超过50%。我第一个捐资项目是在1979年为东中母校兴建一座教学楼,此后,陆续为母校捐建图书馆、大礼堂等。我第一个国内的投资项目就选择了在家乡建厂房,先后建立了中国银利来有限公司、金利来(中国)有限公司〔前身为金利来(中国)服饰皮具有限公司〕、金利来制衣有限公司,利用自有资金兴建了占地80000平方米的制衣厂、领带厂和皮具厂。这是我回报母校,支持家乡和祖国建设的一种方式。是共产党,是祖国培养我们成长,我们应在不同的社会环境以不同的方式为祖国服务，这是我的理念。

与此同时，我积极参与社会活动，自1983年起，先后当选为广东省政协委员、常委；全国人大代表、常委；在香港回归祖国前夕出任香港基本法咨询委员会委员、香港事务顾问、香港特别行政区筹委会委员、香港特别行政区筹委会预备工作委员会委员，广泛团结港人，和他们一起，参与香港回归祖国的工作，并荣幸地见证了香港回归祖国的历史时刻。就在香港回归祖国的第二天，我接受了香港特区政府授予的大紫荆勋章，我衷心感谢祖国和人民给予的荣誉和鼓励。我作为全国人大常委会委员，将继续尽忠职守，聆听和反映香港民众的心声，为加强香港与内地的沟通，为香港的稳定繁荣，为维护和支持香港特别行政区政府的施政，不遗余力。

（选自2004年10月《东中校刊》复刊第二十四期）

赤子之心

——写在曾宪梓先生逝世一周年之际

杨　健

　　转眼曾宪梓先生逝世一年了，我又想起了那一天，那次难忘的梅州之行。

　　2019年9月20日下午近6时，我在办公室接到秘书长电话："曾宪梓先生下午4时在老家梅州逝世了，中联办主要领导请你代表中联办赴梅州吊唁并慰问亲属。"

　　消息让我震惊不已。不久前我还看到报道，5月24日由北京圆明园主办的曾宪梓雕像揭幕仪式在三园交界处举行，曾老受邀赴京参加了揭幕仪式。活动接近尾声时安排了一个小合唱环节，85岁高龄的曾老主动提出要与大家合唱一首《没有共产党就没有新中国》。在30多度的气温下，他一字不差地带头唱完这首歌，引得现场嘉宾为之动容。仅过了3个多月，曾老怎么突然就走了呢？

一

　　秋高气爽，浮云淡薄。

　　次日天刚亮，我和同事早早出发了。

　　梅州地处粤东，约5小时车程。一路上，脑海中不时闪过曾老着深蓝西服、系大红领带，端坐轮椅上气定神闲的庄重形象和从他那宽大金边眼镜里透出的坚毅神情。

　　上网浏览新闻，内地和香港媒体已纷纷报道了曾宪梓去世的消息。报道说，曾宪梓曾任全国工商联副主席、全国人大常委会委员、香港特区筹委会委员和港事顾问、香港中华总商会会长；曾首批获颁特区政府大紫荆勋章；2018年12月18日，中共中央、国务院授予曾宪梓"改革先锋"称号。

高速路上车行如风，过深圳、东莞，穿惠州、河源，中午12点前抵达梅州。

梅州被誉为"世界客都"，是港澳台同胞的重要祖籍地之一。汽车进城后驶进了一个住宅小区，让人意想不到的是，曾宪梓梅州的家竟在一座普普通通的楼宇里，不是豪华别墅，不见富丽堂皇。

走进不到10平方米的专用电梯间，立即被挂在墙上的3张巨幅照片吸引。正面墙上是曾宪梓与两位航天员亲切交谈的照片，左侧是他与捐助过的老家中学学子们的合影，右侧是他和儿子曾智明2008年北京奥运会时传递奥运圣火的留影。我知道，这3幅图片很有讲究，并非随意安排，它们分别代表了曾老一直以来倾心倾力支持的3个公益慈善重点领域。从20世纪70年代末开始，曾宪梓捐资支持国家公益事业，历年捐资逾1400项次，累计金额超过12亿港元，其中先后创立基金，重点支持了国家教育、体育和载人航天事业。

电梯上五楼，来到曾家的客厅。40平方米左右的客厅四周布满沙发，迎面窗户上悬挂着一面展开的五星红旗，右侧墙上是巨幅毛主席画像，鲜明体现了曾老对伟大祖国的热爱和对开国领袖的敬仰。曾宪梓曾多次说："我看问题总是跟香港其他资本家不一样。青年时代我学的是毛泽东思想，到香港创业时，我常看的两本书是毛泽东的《矛盾论》《实践论》，现在还常看，这两本书都让我翻烂了，深受启迪，获益良多。"

曾宪梓的小儿子、金利来集团行政总裁曾智明陪我在沙发上坐下，扼要介绍了父亲去世前的情形。

9月13日周五是中秋节，智明陪父母在家中吃过团圆饭便返回了香港，准备周一去河南。但周日晚12时左右突然接到家中急电，曾老高烧不退，正在送往医院。他马上取消了其他一切安排，立即赶往梅州。入院后的曾老时而清醒，时而昏迷，白细胞高达2万多，很快被送入了ICU。

智明对我说："去年春节您专程去广州看过我父亲，知道他的情况，一半多动脉血管堵塞，脚坏死糜烂，甚至能看到骨头，医生主张截肢，但他坚决不同意。"

他说的是2018年2月2日的事。那天曾家电告曾老病危，在中山大学第一附属医院抢救。我代表中联办赶去广州探望。同时赶到的还有国务院港澳办和广东省委负责人。医院负责人在显示屏上投放了曾老双腿的影像，并一五一十地讲解病情：曾老动脉血管堵塞严重，危及身体血液流通，随时可能出现意想不到后果。

听完病情介绍，我们去病房看望了曾老。他躺在床上，面容憔悴，身体十分虚弱，但他豁达、坦然地对我们说："共产党给过我两条生命，我这辈子没有遗憾了！我也为国家做了我应该做的事情，可能做得还不够。"

我们一再感谢他为国家做出的特殊贡献，他坚定地说："只要我活着一天，就要把为祖国做贡献做到最后一刻！"

二

"共产党给过我两条生命"，这句充满深情和感恩的话他不止一次提起。起初听闻不知所指，有次参加香港一个活动在休息室见到曾老，特意向他问起，他耐心解释，我方知原委。

一条"生命"是指国家送他读书到大学毕业。他说："在我很小时父亲就去世了，家里非常穷，穷得你没法想象，数九寒天也没有衣服穿，经常粥都喝不到。因为交不起学费、买不起书也没有学上。"新中国成立了，土改干部来了，住在他家，见他十六七岁了还没上学，便把他送到了学校，并叮嘱老师这个孩子家里很苦，要多关照。他开始有了书读，上学时个子比班里的其他同学整整高出一头。就这样，拿着国家一个月3元钱的助学金读书，他从17岁领到27岁领了10年，一直到中山大学生物系毕业。他动情地对我说："没有共产党，我至今还是个文盲！"

另一条"生命"是指身体垂危时中央安排紧急抢救，挽救了他的性命。1995年，曾宪梓患了尿毒症，一直靠血液透析维持，3年后他做了换肾手术，但不久排异反应强烈，全身浮肿，送进了香港医院。香港权威医生认为最多能活3个星期，要家属准备后事。危急关头，中央派中山医科大学校长、肝胆外科专家黄洁夫到香港将曾先生接到广州，该校一附院多个科室专家一起会诊，做了两次换肾手术，抢救治疗66天，终于使他转危为安。

每次提起这两次新生，他总是眼眶湿润、十分动容，反复说："没有共产党就没有新中国，没有共产党也就没有我，是祖国抚育我成长，是祖国给了我生命！"

我与智明说话间，曾老夫人黄丽群下楼来了，我走上前握住她手请她节哀保重，待她在沙发上坐下后，向她转达了中央领导同志的慰问，转交了我办的唁电，并郑重地对她和在座亲属说："曾老是香港工商界的杰出代表，是伟大的爱国者，为内地改革开放和现代化建设、为香港回归和繁荣稳定，为支持国家教育、体育、航天等事业的发展做出了重要贡献，他的去世我们中联办的全体员工都很难过，表示沉痛哀悼！"

没想到曾老夫人非常豁达乐观，她爽朗地对我说："不要难过，生老病死是自然规律，我就不难过！"又说，"他走得安详，他的一生很知足，吃过苦，也有收获，完成了自己心愿。"

是的，曾老可以安心而去了，他早已完成了自己念兹在兹报效国家的心愿。

曾老人生的一大转折，是1963年远赴泰国处理父亲的遗产，从社会主义一脚踏入资本主义。

他走过罗湖桥时思想矛盾、内心纷乱，既有对未来的无比憧憬，也有因离开的万分内疚。他暗暗对自己发誓：是新中国培养了我，如果能在外面创下一番事业，将来一定报效祖国。

因为不谙泰语，不适气候，更不想卷入与叔叔、哥哥之间家族财产的纠葛，曾宪梓一家人于1968年移居香港谋生。举目无亲，身无长物，他凭着一股拼劲，白手起家、起早贪黑，努筋拔力、克勤克俭，带领全家人一个熨斗、一把尺子、一把剪刀和一台缝纫机艰辛创业，10年间硬是把一个家庭手工作坊打造成了"金利来"领带王国。当他的领带生意越来越红火，金利来品牌影响力越来越大时，埋藏心底的报国心也越来越强烈。

1978年，曾宪梓离开祖国15年后第一次回到家乡梅州。看到依旧破破烂烂的城市和学校，他心里十分酸楚，决定先从教育开始支持家乡建设。他捐的第一笔钱是给老家学校盖教学楼，这是广东最早的捐资办学项目之一。以后，他又陆续捐资梅州修路、修桥、建学校、建老人院等。从支持家乡到回报国家，他的公益慈善捐助从此一发而不可收。1992年，他捐资1亿港元设立曾宪梓教育基金；2003年中国首次载人航天飞行成功，次年他又捐资1亿港元设立曾宪梓载人航天基金；2008年再次捐资1亿港元设立曾宪梓体育基金，此后又两度分别追加1亿港元给体育基金。

三

我曾经对许多内地朋友说，来香港后才知道，"金利来"在香港其实算不上什么顶级的名牌，曾家也不属于香港最有钱的家族，可是这位刚刚发了一点财的客家人，心里所思、所想、所急的唯一一件事就是报效国家，几十年来对祖国的倾情支持从未停止。

每次向朋友说起"曾宪梓"这三个字，我的内心无不格外感佩，无不肃然起敬，感动于他的爱国之深，敬佩于他的报国之真。我清楚地知道，"爱国"和"报国"早已成为他刻骨铭心的人生理想和价值追求。

这种理想和追求不仅体现在他对国家改革开放的投身支持和对内地公益慈善事业的倾情参与上，更体现在他对国家前途命运的坚定信念上。他在母校中山大学的一次演讲中语重心长地对中大学子说："过去100多年，中国一直贫穷落后，因为弱，人家一打，香港就割出去了，上海就有了那么多的租界。落后就要挨打，我感受很深。青年学生一定要记住，没有国家的强大，你永远只能是二等公民，甚至是狗！现在我们与西方发达国家比，的确还有差距，但你要想想人家已经发展了200多年，我们却只有数十年，速度之快堪称奇迹。所以，要认识中国，要对中国有信心，要记住'我是中国人，我要奉献'，这是青年学生的责任。"

这种理想和追求不仅体现在他对香港回归祖国的由衷欢迎和全力支持上，更体现在他对"一国两制"事业的坚定维护上。香港回归前，有的人担心，有的人移民，但他看好国家改革开放的前景，坚信国家会越来越好，带领工人一起唱爱国歌曲。有反对派烧了他的车，他毫不理会、毫不动摇。回归后，他坚定支持在香港维护国家安全，义正词严地回击反对基本法第23条本地立法的人："发起、组织反对的领袖，我可以肯定他们不爱国，因为国家安全法都可以反对。"他强烈谴责跑到外国请求制裁中国的乱港分子，认为其"疯狂到极点"，"真是连人格都没有、连中国人的血性都没有！"他多次说："不论谁损害我们国家，伤害香港，我都不会允许，都要据理力争！"

苏霍姆林斯基说："热爱祖国，这是一种最纯洁、最敏锐、最高尚、最强烈、最温柔、最有情、最温存、最严酷的感情。一个真正热爱祖国的人，在各个方面都是一个真正的人。"

曾宪梓就是这样一个真正的人！

离开曾家时，我动情地对在座人士说，"每次听曾老声情并茂地唱起《没有共产党就没有新中国》和《永远跟党走》这两首歌，都深深被他感染，被他打动，他对祖国的感情和对中国共产党的感情如黄金般珍贵，没有半点虚假，没有半点杂质，更没有半点掩饰，他从来都是直接袒露、大胆表白，以自己的物质财富回报祖国，更以自己的赤子之心回报中国共产党，我们永远怀念他！"

下午3时，当我离开梅州启程返回香港时，我按下车窗再一次回望这片土地，不禁思绪潮涌、感慨万千。客家人，这是一个历经磨难、吃苦耐劳、坚韧不拔的群体，这是一个尊文崇教、包容向善、积极进取的群体，这更是一个孝道为先、知恩图报、爱国爱乡的群体，从孙中山、廖仲恺，到朱德、叶剑英，从陈寅恪、丘成桐，到田家炳、曾宪梓……一代代客家人身上遗传着汉民系的基因密码，传承着中华文化的价值理念，凝聚着中华民族的精神追求，这正是港澳繁荣稳定和国家富强昌盛的希望所在，这正是中华优秀文化生生不息的希望所在，这正是中华民族伟大复兴的希望所在！

本文发表于《紫荆》杂志2020年9月号

（选自2020年12月《东中校刊》复刊第四十期）

东山精英　学子楷模

——曾宪梓博士光辉一生

东山中学

曾宪梓博士，金利来集团创办人，香港大紫荆勋章荣获改革先锋称号，广东梅县人，东山中学1956届校友、新四届校董会名誉董事长，1961年毕业于广州中山大学，曾连任三届全国人大常委会委员，曾长期担任金利来集团有限公司主席。

曾宪梓校友1951—1956年在东山中学读书，是一位德、智、体全面发展的优秀学生。他出身贫寒，志向远大，靠勤俭诚信起家，创立金利来品牌；他有着一颗炽热的赤子之心，恋乡情深，竭尽所能为科教兴国助力，为民族复兴尽心，激励中华健儿扬威，圆体育强国之梦，爱心永驻华夏，真情遍撒神州；他爱国爱港无私无畏，参政议政肝胆相照；他享有崇高的荣誉，但又有着朴实的胸怀。堪称东山精英，学子楷模。

出身贫寒　志向远大

曾宪梓校友1934年2月2日出生于广东梅县扶大镇珊全村一个贫苦之家。四岁那年，父亲去世，一家人穷得有时靠喝番薯粥度日。曾宪梓一读完小学就失学了。家里又苦又累的农活，既磨炼了他的意志，又让他体味了人世的艰辛。新中国成立后，土改工作队把他送到东山中学读书。他在东中六年期间，曾任学生会文体部部长、班长、校篮球队队长。新社会的阳光给了他温暖，在人民助学金的帮助下读完中学后，他又以优异成绩考取中山大学生物系。大学毕业后，成为广东省农业科学院的科研人员。

曾宪梓校友每每谈起自己的经历，总是满含深情地说："早年的贫苦生活和新中国的教育，特别是在我的世界观、人生观、价值观形成时期，东山中学'勇俭爱诚'的校训，不仅培养了我坚韧不拔的性格，更为我打下了很好的思想基础……党和祖国有恩于我，政府的关怀和学校的培养，教会我如何做人，我应该回报祖国、回报家乡、回报母校。"1963年，他在赴泰国前，就暗暗发誓："一定要在外面闯荡出一番事业，回来报效祖国。"这是他的誓言，也是他一生奋斗的动力。

勤俭诚信　铸就品牌

1968年，曾宪梓校友和家人从泰国移居香港，以六千港元起家，凭着敏锐的市场意识，选择了领带产业，从此开始了艰难的创业历程。他将低廉租屋一分为二，一半做住宿，一半做工作间，靠一台缝纫机、一把剪刀和一颗坚毅之心，自己既当设计师，又当工人，妻子当助手，开起了家庭手工作坊。领带做好后，他便徒步一条街又一条街、一个店铺又一个店铺地推销。靠着"精益求精，守信重义"精神，在竞争激烈的香港市场争得了自己的地位。1969年秋，他创立的中国人自己的领带名牌——"金利来"诞生了。

经过20多年的努力，金利来集团有限公司于1992年在香港成立并上市。曾宪梓校友以自己"勤俭诚信"的经营理念和为人原则，加之独到的营销策略和独特的广告艺术建立起令国人骄傲的"金利来王国"。从此，"金利来——男人的世界"之品牌形象深入人心，影响深远。进入21世纪，金利来集团实施产业多元化战略，不断加强科学有效的管理，建设先进文明的企业文化，业务一直保持强劲的增长势头，现已成为立足香港、依托内地、辐射欧亚的多元化企业。

拳拳之心　恋乡情深

曾宪梓校友对故乡梅州有着无限的深情，时刻不忘养育他的这片热土。改革开放后，曾宪梓校友在国内的第一个捐献项目，是1978年为母校东山中学添置教学器材。此后，陆续为母校捐建"宪梓教学楼""宪梓图书馆"，合资捐建"七十周年纪念大楼"，捐建"宪梓大礼堂""曾宪梓运动场"及捐资重修母校开基校址"东山书院"等。此外，他还为母校捐赠大批图书资料以及设置奖教奖学金等。东中的每一次发展都离不开曾宪梓校友的鼎力资助，曾宪梓校友为母校捐资的行动，带动了一大批校友和社会贤达。

此外，他还捐建了梅州市曾宪梓中学、梅县宪梓中学及多所小学和幼儿园以及嘉应大学教学大楼、图书馆、体育馆和艺术馆等。曾宪梓校友对国家、对家乡的爱心是多方面的和连续不断的，对梅州的捐献，小到乡村打水井、架电线，大至政府建设项目。他在梅州的捐赠，涉及100多个单位、300多项次，大大改变了故乡的形象景观，促进了梅州的改革和发展。据不完全统计，他对家乡的捐款总数已超过2亿元。

爱国爱港　情洒神州

每当国家出现一些意外灾害时，曾宪梓校友总在关键时刻挺身而出，责无旁贷地站在爱心援助队伍的前列。需要关爱的，他去关爱；需要支持的，他去支持；需要资助的，他慷慨解囊。他常说："社会上有需要，我能拿出钱来，就是最大的快乐。"以个人名义设立了三大基金，包括：1992年捐赠港币一亿元与教育部合作，设立"曾宪梓教育基金"，扶助贫困地区教育事业；2004年捐赠港币一亿港元设立"曾宪梓载人航天基金"，奖励对祖国航天科技事业有贡献的科学家和航天员；2008年捐资港币一亿元设立"曾宪梓体育基金"，用以奖励第29、30、31和32届奥运会获得金牌的中国健儿。据不完全统计，曾宪梓校友先后向祖国内地及香港各项公益事业捐资逾12亿港元。

曾宪梓校友的爱国爱港精神，不仅表现在巨额捐献上，他对香港的回归、稳定、发展和繁荣，对祖国的统一大业，对祖国内地的改革发展，也发挥了独特的作用。香港回归后，曾宪梓校友鼎力支持香港特区政府，他作为全国人大常委会委员，在各种场合，利用多种形式，支持香港特区政府依法施政，并维护香港市民的利益。

崇高荣誉　朴实胸怀

曾宪梓校友是第七届全国人民代表大会代表，第八、九、十届全国人大常务委员会委员，香港特别行政区第一至三届选举委员会成员，曾担任香港特别行政区筹委会委员、港事顾问、香港基本法咨询委员会委员，曾担任中华全国工商业联合会名誉副主席、香港中华总商会永远荣誉会长、香港客属总会荣誉主席等多个香港和内地社会职务。1993、2008年分别获颁授中山大学名誉博士、香港理工大学荣誉社会科学博士。1993年12月，经国际小行星命名委员会核准，南京紫金山天文台将发现的3388号小行星命名为"曾宪梓星"。1997年7月2日，获得香港特别行政区政府颁发的勋衔制度中的最高荣誉奖章——"大紫荆勋章"。2005年、2008年和2015年获民政部"中华慈善奖"。2014年获北京市委市政府颁发的"北京市华侨华人特别荣誉奖"，亦为北京、广州、梅州等城市"荣誉市民"。2018年12月18日，中共中央、国务院授予曾宪梓同志"改革先锋"称号，颁授改革先锋奖章，并获评"倾力支持国家改革开放的香港著名企业家"。2019年，曾宪梓先生荣获庆祝中华人民共和国成立70周年纪念章。

面对崇高的荣誉，曾宪梓校友说："国家和社会给予我的荣誉，是对我的一种莫大鼓励。祖国有恩于我，我必须终身回报祖国。只要金利来不破产，曾宪梓还活着，我对祖国的回报就不会停止。"曾宪梓校友还常说："我毕生忠于党、忠于祖国，我要求自己要做一个'不是共产党员的共产党员'，这是我在有生之年为之努力、奋斗的，直到生命的最后一刻。"

2019年9月20日16点28分，曾宪梓校友在梅州不幸病逝，享年85岁。曾宪梓校友去世，国家失去一位热心慈善的企业家，梅州失去一位德高望重的好乡贤，东山中学失去了一位堪称楷模的老校友。他爱国爱港、心系桑梓，吃苦耐劳、迎难而上，争分夺秒、务实创新的高尚精神将永世长存，鞭策东山中学师生员工和广大校友发奋努力，砥砺前行。

东山中学的宝剑与宝珠

丘立才

2007年4月1日是广东梅县东山中学建校94周年纪念日，2007年4月28日是叶剑英110周年诞辰纪念日，而2007年2月2日则是曾宪梓73岁寿辰日。叶剑英、曾宪梓同是广东梅县东山中学的毕业生，一位是20世纪10年代东山中学的学生会主席，一位是20世纪50年代东山中学文体部部长；叶剑英、曾宪梓先后在全国人民代表大会常务委员会工作，一位曾任全国人大常务委员会委员长，一位现任全国人大常务委员会委员；叶剑英、曾宪梓同是广东梅县东山中学培养出来的最杰出代表人物，一位是革命战争年代中国共产党军事政治等方面的杰出领导之一，一位是和平年代市场经济方面的杰出代表。叶剑英、曾宪梓不仅是东山中学的光荣和骄傲，也是全中国的光荣和骄傲。叶剑英不仅是东山中学的一把宝剑，也是全中国的一把宝剑；曾宪梓不仅是东山中学的一颗宝珠，也是全中国的一颗宝珠。从叶剑英这把宝剑到曾宪梓这颗宝珠，透过叶剑英和曾宪梓的人生轨迹，可以看出广东梅县东山中学的学校教育，以及中国的社会教育应该前进的方向。

曾宪梓这颗改革宝珠也曾六年在东山中学得到陶冶培植。他于1950年秋考入东山中学初中一年级，一进学校便被班主任委任为全班50多名同学的班主席。作为班主席，他利用分编学生座位的机会，将最漂亮、最引人注目且年龄比自己小三岁的女同学黄丽群的座位，和自己编在一起，黄丽群日后便成为共同建立"金利来王国"的最忠实伴侣。1953年秋曾宪梓以第四名的成绩考入了东山中学高中一年级，同样被委任为班主席，第二学期学校采取选举制，他还是被选为班主席并兼任全校军体部部长。他的100米短跑曾荣获全梅县第一名，速度为11.8秒，他篮球也打得出色，被选送到梅县代表队。他善于处理课程学习、班务工作、身体锻炼的关系，被同学起了个花名叫"老鬼"。可见还在东山中学读高中的曾宪梓，就非常明白"时间就是生命、时间就是金钱、时间就是财富"的道理。曾宪梓读高中时教室被安排在由印尼爱国华侨刘家祺、刘宜应捐建的松山堂里，上课时坐在后面的曾宪梓看不清黑板上的字，埋怨说："这种教室设计得不好，不合格。"周围同学听后就反驳说："这教室可是爱国华侨捐建的，你居然还嫌它不好，有本事你也捐一个。"年轻气盛不知天高地厚的曾宪梓马上接过话头说："等我过番挣了钱，我一定回来捐一座教室，而且一定比这个大，比这个高级。"当时同学还笑他是"大炮鬼"。十年以后，曾宪梓真的过了番；二十年以后，曾宪梓真的拆去了旧教室捐巨资盖起了高大挺拔的教学楼，儿时的戏言居然成真！曾宪梓从东山中学毕业后考入了中山大学生物系。在读大学期间，学校的基建需要箩筐、扁担，他便发挥在农村时学到的编织竹器的手艺，利用休息时间编织，学校主动支付工钱，每做一担五角钱，他便将赚到的钱除解决自己生活学习费用外，寄回家里，为母亲和妻子帮补家用。曾宪梓也利用空余时间刻写钢板，印刷讲义，每刻印一张讲义五角钱。虽然他是自己通过劳动挣钱，但在当时这是一种思想落后的表现。自然有人提出异议："曾宪梓太会赚钱""曾宪梓钱赚得太多了"。

作为学生的曾宪梓，一切以大家意见为准，既然大家都贫苦地过日子，我就不应该挣这么多的钱，也就停止了编竹篾、刻钢板等活动，而发挥他的体育天才，参加了中山大学的篮球队和划船队，当上生物系体育部部长。曾宪梓从中山大学毕业后，把赚钱的本领带到泰国、香港去发挥，艰辛地创办起金利来集团，支撑起一片"男人的世界"，开放改革后，又拓展了"女性世界"，如此"金利来"便成了财富的别名，曾宪梓则成了中国改革的一颗宝珠。

一位是革命的宝剑，一位是改革的宝珠。叶剑英和曾宪梓既是梅县的同乡，又是东山中学的校友，其情谊就非同一般。1979年叶剑英委员长在广州接见曾宪梓时，亲切地对他说："家乡的经济建设、教育事业还很落后，希望你能多支持家乡的发展。"曾宪梓回答说："这正是我多年的理想，我一定会尽自己最大的力量，帮助家乡各项事业的发展。"1983年5月叶剑英在广州南湖接见曾宪梓等人时特别谈道："教育地位要提高。好像菊年伯（叶当年就读东中时的校长）这样热心教育的人，在梅县是很多的，我们要将其地位提高。"曾宪梓对叶剑英是非常景仰和尊重的。他说："我和叶帅虽然是同乡，不过是个晚辈。我们梅县人和港澳同胞都很敬仰这位国家领导人，以他为荣。他开导我们团结海外侨胞支援国家建设，我以我的余生尽力去办，以报答他老人家的恩情。"曾宪梓是这样说的，也是这样做的。1978年捐赠10万元港币为东山中学建了座"宪梓教学楼"，后又捐建了"宪梓图书馆""宪梓大礼堂""宪梓运动场"，以及合资兴建"七十周年纪念大楼"，重修"东山书院"等，还设立奖教奖学金，组织老师到香港等地参观旅游。此外，在梅州、梅县还建有"梅州市曾宪梓中学""梅县曾宪梓中学""曾宪梓小学"等，其在内地捐资办学、修桥筑路和发展体育运动的善举项目超过300个，款额逾3亿港元。曾宪梓完全是按照叶剑英的嘱托去做的。

叶剑英和曾宪梓都是广东梅县东山中学培养出来的杰出代表，叶剑英是一把革命的宝剑，曾宪梓是一颗改革的宝珠。那么东山中学今天如何继续前进，如何在培养叶剑英和曾宪梓这样的人物上再闯出新的道路，这不但是东山中学要思考的问题，也是整个学校教育、社会教育都应思考的问题。要知道，人类有三件宝器：宝剑、宝珠、宝镜。在中国的古代神话中，宝剑、宝珠、宝镜是武力、财力、脑力的象征。随着知识经济时代的到来，知识越来越成为财富的增值器。

学校是读书学习的地方，也是生产知识的地方。学校教育要和社会教育、家庭教育紧密结合起来，才能培养出好的宝剑、宝珠和宝镜。教育要面向学生，要面向每一个人。以人为本，就是让每个人通过读书提高素质，通过学习改变命运，掌握知识成就未来。人类只有通过知识才能改变自己的命运，尤其在当今的信息时代更是如此。"知识"的"知"字，由"矢"和"口"组成，"矢"就是箭，箭装进"口"袋，需要时再从口袋拿出箭，去射击野兽和敌人。制造矢箭的知识更为重要，掌握了它，口述造箭的知识时就好像口里能很快射出无数的箭。所以，"知"比"资"重要，"渔"比"鱼"重要，"道"比"器"重要。家庭教育必须明白：让子女掌握知识比遗留资产更为重要；学校教育必须明白："授人以渔"比"授人以鱼"更为重要；社会教育必须明白：掌握"形而上谓之道"的知识比掌握"形而下谓之器"的知识更为重要。

知识的生产，与物质的生产、资本的生产，有着完全不同的方式和特点。"知产者"所进行的"知识生产"的方式和特点有如下几点：

一、由少数知识精英、先知先觉者、智慧者，呕心沥血提出"新知"，创造出"新知"。

二、由知识界对"新知"进行补充、修正、质疑、挑战、探讨、辩论等研究工作，在知识界内部形成"共识"。

三、由知识界向外传播，或以电视、电话、广播等媒体，或以书籍、报纸、杂志等信息载体，或以会议、谈话、聊天等社会活动，使社会大众取得"常识"。

四、知识产业的生产和再生产、与物质产业的生产和再生产、资本产业（金融产业）的生产和再生产，形成密切联系、有机互动和良性循环，创造出更大的产值，使各种生产增值。

五、物质和资财可以积累并直接传代，知识可以积累却无法直接传代，每一代人、每个人都必须重新学习知识，学校教育负有重大历史使命。"东山中学和全国所有的教育单位一样，可谓任重道远，更何况列为全国重点学校之一，更宜不懈努力。"

不但学校教育要努力，且建设学习型的社会也已成为当今迫切的任务，中国头等重要的任务就是要使到每个人都成为"知产者"。中国的义务教育只是培养"知产者"的雏形，高中教育则是粗加工，高等教育已从过去的精英教育转为今天的大众教育，培养出来的大学生群体，只是中国越来越庞大的知识分子大军的成员而已。读书真要能提高素质，学习真要能改变命运，知识真要能成就未来，关键就在于知识分子一定要成为"知产者"。一般的教师、医生、技术员、记者、作者、学者等"小知产者"，要不断提升自己，成为专家、教授、研究员、总设计师、总工程师等"中知产者的"，再不断努力，提升到像袁隆平、王选等那样的"大知产者"，进而成为"智慧者"，成为人类的宝镜。

　　人类需要宝剑、宝珠，更需要宝镜。人类教育需要培育宝剑、宝珠，更需要培育宝镜。这就是我们学校教育的方向，家庭教育的方向，社会教育的方向。这也是我们纪念东山中学建校94周年，纪念叶剑英110周年诞辰，祝贺曾宪梓73寿辰的意义所在！

（选自2007年10月《东中校刊》复刊第二十七期，有删减）

千山万水志相随　剑胆琴心报春晖

李茹珍　万玉婷　丘晓锋

是谁，在年少时就怀揣一颗感恩的心？是谁，在贫穷时就立下了报国的誓言？是谁，在倾情奉献的道路上一走就是三十多年，并矢志不渝地继续前行？曾宪梓，这位商业巨子，这位客家骄子，这位爱国君子，带给我们太多感慨，太多感动，太多感戴。

说起曾宪梓，我们总会联想到叶剑英。因为在他们身上，有着太多的相似之处——同是广东梅县东山中学的毕业生，同是为国为乡做出了巨大贡献的客家人的杰出代表。一个是全国人民代表大会常务委员会委员长、一个是全国人民代表大会常务委员会委员……回首曾宪梓的成长史，我们可以看到老学长叶剑英对后辈的影响；回首曾宪梓的成功之路，我们可以看到小师弟对叶帅的崇敬与追随。他们身上，有着客家男儿的血气和胸襟；他们身上，有着许多我们中华民族一脉相承的宝贵精神。人在他乡，心系祖国，情系乡里，矢志报国；他们都是中华儿女杰出的代表。

"丈夫皆有志，会见立功勋"

"志当存高远，敢为天下先，人皆可以为尧舜。"少年的叶剑英，就在学校后山油壁上写下了"放眼高歌气吐虹，也曾拔剑角群雄，我来无限兴亡感，慰祝苍生乐大同"的磅礴诗句，少年壮志，一生践行。叶帅志存高远的精神影响了一代代的东山人，叶帅的精神感召了曾宪梓的一生。

在贫困的山区，少年丧父的曾宪梓根本没有求学的条件，是下乡的"三同户"把他送进了学校就读，当他带着无限的感动坐在阴暗狭小的松山堂里，却又感到一丝遗憾，山区落后的教育条件让他有了这样的想法：等我以后挣了钱，我一定回来捐一座教室，而且一定比这个大，比这个高级。

20年以后，曾宪梓真的拆去了旧教室，捐巨资盖起了外观和设施在当时均属一流，堪称当时最先进的教学楼之一的宪梓教学楼。这是改革开放后全梅州市首个侨捐项目！儿时的梦想如今已成真！

功成名就的曾宪梓，回顾自己充满传奇色彩的人生历程时，常常感叹："贫穷并不可怕，可怕的是因贫穷而丧失志气。我把贫穷的压力转化为动力，立志要做一番事业。我通过努力改变了自己。"曾宪梓的这番真情告白，让我们更为强烈地感受到他的成功绝非偶然。"追着志向的人，会见到黎明的曙光"，这句话在曾宪梓身上找到了最好的诠释！

"君子虽在他乡，不忘父母之国"

香港，与许多老一辈革命家有不解之缘。当19岁的叶剑英第一次踏上香港这块土地，殖民者的罪行给他留下了深刻的印象和极为痛苦的回忆，他也愈来愈深刻体会到国家强盛的重要性，内心深深刻上了为实现祖国和平统一而奋斗的印记。1963年，对于经香港去泰国的曾宪梓来说，香港在他内心掀起的波澜，同样久久不能平息。没有为国家服务就走了，让他觉得很是内疚。站在罗湖桥上，他暗暗发誓：一定要不懈努力，创造财富，将来在不同的社会环境下用不同的方式回报祖国!

谁会想到,和香港的擦肩而过,站在罗湖桥上一句简单的誓言,成为他以后回港创业的巨大精神动力!

"外国人的名牌产品可以在香港畅销,为什么中国人在自己的消费市场上,却没有自己的领带品牌呢?没有,我来做!"曾宪梓靠一把尺子、一把剪刀和一架缝纫机起家,自己设计,自己生产,自己推销。世人的冷眼不曾让他退缩,反而激起他自立自强的勇气。罗湖桥上的那一幕总会在他脑海浮现,他不断告诫自己:"这就是生活对你曾宪梓的挑战,你如果连这种苦都吃不了,那还奢谈什么理想抱负!"他深信只要努力奋斗,就一定能实现目标。多年的努力终于使得"金利来"领带占领了香港市场,创立"金利来"品牌的成功经验,更激励曾宪梓创建世界品牌的雄心。

叶剑英曾对曾宪梓说:"家乡的经济建设、教育事业还很落后,希望你能多支持家乡的发展。"当他回到乡里,看到经历"文革"后的学舍破烂不堪,教室的桌椅板凳残缺不全,惨不忍睹,足球场早已荒废,杂草丛生,乡间学校的数目还不及新中国成立前多,忍不住热泪盈眶。想到自己深受祖国培育之恩,却未能留在国内参加建设,曾宪梓心里更是十分难受,一种儿子对深爱的母亲未尽天职的惭愧之情油然而生,这更加坚定了他实业报国的信念。他决定将多年以来一直埋藏在心底的愿望付诸行动。

怀揣拳拳报国之心、殷殷桑梓之情,曾宪梓用实际行动时刻关心支持着家乡的建设,践行着他对叶帅的承诺。

曾记得,他多次起誓将来一定要报效祖国!曾宪梓满怀赤子深情,为家乡和国家的文教卫生、航天事业、基础设施等建设倾注了大量心血，贡献良多。在香港创业不久，他就开始了对家乡教育事业的支持。三十多年来，他先后捐助的项目超过800项，捐款总额超过8亿人民币。他还发誓，只要金利来不破产，自己对祖国的回报就不会停止。

他设下三个基金：教育基金、载人航天基金、慈善基金。

1977年，曾宪梓为母校东山中学捐建了一座在当时首屈一指的教学大楼，这是他的第一个捐赠项目。为他之后几十年的捐赠历程打出了响亮的第一枪。

1989年，他投入100万美元巨资，在家乡成立了"中国银利来有限公司"，并将公司分配给他的利润全部捐献给家乡公益事业；第11届亚运会在北京举行，他慷慨捐赠了100万港元，支持祖国的体育事业；与中国人民大学签署协议，慷慨捐资500万元创设"助残研究基金"，通过中国人民大学残疾人事业发展研究院来推动全国残疾人事业发展……

1992年，曾宪梓与教育部合作，捐赠1亿港元设立了曾宪梓教育基金会，教育基金会成立15年来，共奖励内地7000多名优秀教师。2000年开始，每年资助北大、清华等35所内地高校贫困生14000多名。捐款为嘉应大学建造教学大楼，为东山中学建造教学楼、体育场，为乐育中学修建办公楼……

2004年10月，他又捐资1亿港元设立载人航天基金，设"特别贡献奖"和"突出贡献奖"。基金会每年拨出500万元，奖励20位航天科技专才。

他不遗余力地去帮助需要帮助的人，帮助祖国和家乡的建设，我们不仅听到了他爱国的声音，而且还看到了他慷慨解囊的行动。从20世纪70年代末至今，他为祖国的文教卫生、体育、公益事业捐款已经超过8亿元人民币。

"沧海横流，方显英雄本色"

一颗朴素的爱国心，激励着一代又一代的人做出了不平凡的爱国举动！

"苦战一生为大同，临高远望意纵横。救国不辞肝脑裂，昭然大义显精忠。"这是一种强烈的国家观念和民族意识，这种精神在中国共产党著名将领叶剑英身上表现得淋漓尽致。因此，有了他在北伐战争中挺身而出、救中央于危难的身影，更有了他"大闹京西宾馆"和"大闹怀人堂"的气概，以及不费一枪一弹一举粉碎"四人帮"的壮举。这种大智大勇的行为，源自叶帅拥有一颗永不被征服的爱国心。

曾经饱尝国破家亡、背井离乡之苦的客家人，心中的那份爱国情怀和民族情结特别强烈，曾宪梓先生犹为甚之。

还记得那场面浩大的流水席。1984年，《中英联合声明》签署后，他组织筵开136席的流水席，并安排反复播放自己这辈子最爱唱的歌曲——《没有共产党就没有新中国》和《歌唱祖国》。曾记得那一句"彭定康滚出香港！"1992年，彭定康抛出政制改革方案，想给中国收回香港主权设置拦路虎。在人大会议上，曾宪梓慷慨陈词，铿锵有声，猛烈抨击彭定康阻挠香港回归祖国怀抱的行为，这种无畏是何等的气概！曾记得一声"祖国万岁！"震全场。1997年在交接仪式现场，他激动地在会场里高喊一声"祖国万岁！"这一出人意料的行为惊动四座，他心中无法抑制的爱国之情感动香港。

这种敢说敢当的品格，这种强烈的爱国情怀，让曾宪梓总是把祖国的利益和香港的利益放在首位，根本没有太多考虑自己的私人问题。虽身患肾衰竭，必须靠肾脏透析来维持生命，但他却一直为香港问题、社会问题、民生问题奔走，一晃就是十几年。是什么力量让他始终坚持？是"终生报效祖国"的信念！是"爱国爱港"的毕生追求！他心中想着要为国家、为香港多作一点贡献，为祖国战斗到最后一刻，他对祖国的爱是那样的深情和真挚。

曾宪梓总是说："没有新中国就没有今天的曾宪梓，没有祖国的培养，我绝不可能成为有知识、有文化的人，更不可能有今日的成就，因此，我感谢我的祖国。"他把"回报祖国"当作自己的志向，他总是希望自己在有生之年，能为祖国多做一点事，为家乡人民多奉献一片爱心。始终怀揣着一颗爱国心，他以自己的行动，为海内外的中国人树立起一座永远的丰碑。曾宪梓对祖国、对家乡的倾情之爱，成为客家人和炎黄子孙永远的骄傲！

"校宝"宪梓先生心结、情结和善结

杨昭尊　余贤辉　李群喜

曾宪梓先生是东中的"校宝",他的精神是我校一笔宝贵的精神财富,出版纪念他的文集列入"东山丛书",这是一件很有意义的事。我们要把这件事当作一个工程来做,使这本书成为东中的传世之作,以彰显曾宪梓先生的事迹,弘扬他的品格,从而更好地激励后人。

回顾曾宪梓先生的人生足迹,他有心,有情,更有大善,我愿从这几个方面来谈谈我对曾宪梓先生的认识。

一、"校宝"宪梓先生心结之立志成才

曾宪梓先生出身贫寒,新中国成立后靠助学金完成中学和大学学业。艰苦的生活让他感受了人情冷暖,锻炼了他的身体素质,增长了他的生活技能,同时也锤炼了他吃苦耐劳的品质。他最大的心结就是立志成才,通过自己的努力改变自己的命运。

20世纪60年代左右,他就移居泰国投靠亲友,在泰国的经历并不如意,于是就回到了香港。在香港他认真了解香港的市场,发现尽管香港的服装业发达,香港人也很喜欢穿西服,可是却没有一家生产领带的工厂。于是夫妇俩买了缝纫机,钻研各大名牌领带的工艺和款式,慢慢自己生产,靠价格优势从赚三五块起家,赚了钱慢慢办起小作坊,就这样一直做到世界名牌。

曾宪梓先生常常谈起母亲对他的影响。小时候生活艰难，他们兄弟跟着母亲干农活、编竹篾，也常常羡慕别人家有吃有穿。母亲教育他们兄弟："唔怕，做里就会有。"纵观曾宪梓先生一生，正是这种人穷志不短的精神支撑鼓励着他，不论条件如何艰苦，环境如何恶劣，他都有一股不服输的志气，凭着吃苦耐劳的品质，在商海中摸爬滚打、纵横驰骋，成就了"亚洲领带大王"的美誉。他说："贫穷并不可怕，可怕的是贫穷而没有志气。"他总结自己的人生信条：勤俭+诚信+智慧=财富，他自信凭着这个信条做小工能赚钱，做老板能赚钱，还能从小老板做到大老板。

二、"校宝"宪梓先生心结之感恩母校

曾宪梓先生1950年以优异成绩考入东山中学就读，在校期间，任学生会文体部部长、班主席、校篮球队队长，是一位品学兼优，德、智、体全面发展的学生。我认为宪梓先生对东中是有深厚的感情的，在我在东中工作期间，他经常回来梅州，有时一年回来几次，几乎每次都要抽空到东中走一走、看一看，了解教学情况，看看有什么新变化，又有什么问题要解决。他在东中学习生活六年，在梅州感情最深的就是东中，东中在他心里面留下了个心结，只要回到梅州就想到东中来看看，看了后心情就会很好。只要有可能，他都把机会留给东中，不管是教育部的、航天的、足球的，还是香港社团的，只要有交流活动，他都把他们带来东中，这是发自内心的对东中的爱，认为东中就是他的一个"家"，东中能在社会上、历史上留名，他就很有成就感。

曾宪梓先生事业成功之后，一直不忘自己读书时许下的

要捐一座教学楼给母校的诺言。1978年，他捐赠十万元港币在东山中学兴建"宪梓教学楼"，这是国家吹响改革开放号角后，梅州市第一座华侨捐建的教学楼，在教师工资只有三四十元的年代，十万元简直是天文数字。后来，他又陆续捐建了"宪梓图书馆""宪梓大礼堂""宪梓运动场"，合资兴建了"七十周年纪念大楼"，重修了"东山书院"，还设立奖教奖学金，组织老师到香港等地参观旅游等。

宪梓先生不仅关心东中的硬件建设，更关心学校对人才的培养。90年代初，我们陪他到东中后山山顶上参观，看到钢铁厂灰尘漫天，这些灰尘被风吹到学校这边，对学生身体不利。宪梓先生当时相当生气，对我们说："到底是爱人才还是爱钱财？"就是他的这句话，拉开了接下来兴建新校区和剑英校区的序幕。

东中兴建新校区时，因为宪梓先生对东中的捐赠项目已经比较多，我不太方便再向他开口。新校区建成后，他半开玩笑地批评我："杨校长，你以为我没钱吗？"我赶紧道歉，说自己没有向老校友汇报好。他当即表示出一百万元把当时钢铁厂的废弃水泥车间改建成运动场。随后我向他汇报正在进行的东山书院重修项目，他到现场参观后，又捐赠了二十五万元。

宪梓先生因为读书时的一句"狂言"，从此把感恩回馈母校作为自己的一件大事，用实际行动去践行年少的"轻狂"。他说："中学时代的母校，她不仅授予我许多科学知识，还教育我做人的宗旨和品德。东山中学'团结友爱，刻苦勤俭，努力奋斗'的精神，对我往后的事业有至深的影响。"

三、"校宝"宪梓先生情结之家国情怀

曾宪梓先生对母校的心结推而广之就是对家乡、对祖国的情结。这种情结就像埋下的一颗种子，当有一天自己有所成就的时候，他首先想到的就是把家乡和祖国建设得更好，这种家国情怀主要表现在两方面。

一方面就是报效祖国。宪梓先生大学毕业不久就离开家乡到泰国，后来定居香港，他觉得是祖国把他培养成高级知识分子，自己却还没报效祖国就远赴他乡，因此始终心有愧意。经过自己艰苦创业，最终事业有成，他终于有了报效家乡和国家的能力了。所以他一直坚持捐资教育，不仅家乡，全国各地有很多的教学楼，都是由他捐款兴建的。那他为什么坚持办学呢？这是因为他觉得国家富强需要人才，需要人才就一定要加强教育，教育是人才强国的根本。他还经常掏腰包奖励优秀教师和贫困学子，倾尽全力去支持教育。除了设立教育基金，在科研方面，他还设立了载人航天基金，他认为航天是强国的体现，所以他给中国航天捐赠了一个亿的发展基金，邀请神舟五号航天员杨利伟等人回母校给东山学子做讲座，就是因为他有一个强国梦，他就想要国家强盛，不要让别人再欺负中国人。宪梓先生的这种家国情怀非常值得我们去学习，作为一名自立自强的杰出爱国企业家，我们要研究他的精神特质。东中干什么事情首先也要靠自己，要让学校强大起来。希望学校能把宪梓先生的事迹编成新生入学教育校本教材，作为给初一和高一的新入学学生的重要学习启蒙手册。宪梓先生心结在东中，对家国的情结也可以在东中这块教育沃土上枝繁叶茂，百年树人。

宪梓先生爱国情怀的另一方面就是出自他内心地对中国

共产党的崇拜。在宪梓先生眼里，中国自1840年的鸦片战争以后，一百年动乱不定，期间有太平天国、义和团运动和辛亥革命等救国运动，这些爱国志士也想把当时的中国从水火中解救出来，但都没有成功。只有中国共产党拯救了中华民族，实现民族振兴，

让人民能够安居乐业，这很了不起。宪梓先生是一个党外人士，走遍了世界各国，所以他可以用世界的眼光来更加理性地看待中国共产党的领导，他深有感触得出结论——没有共产党就没有新中国！内化于心外化于行，宪梓先生不管是在家里、在公司还是重要公开场合等等任何地方，都喜欢唱《没有共产党就没有新中国》这首歌，并且希望大家能和他一起唱，这是他发自内心对祖国、对中国共产党的热爱，表达了一位党外人士对共产党的崇敬。

四、"校宝"宪梓先生善结之今日启示

启示一：我们要善待东中。宪梓先生以及像宪梓先生一样热爱东中的校友们，他们在东中求学短则三年，长也不过六年，为什么他们会对东中有如此深厚的情感呢？像宪梓先生，他从来没有对东中要求过什么，但是东中需要做什么的时候，他一定全力支持，所谓"桃李不言，下自成蹊"，当他发现母校发展有困难时，他一定会尽自己的能力，真正做到了言行一致，少说多做，这启迪着我们做教育，要善于把握教育发展、社会发展、国家发展的大方向，教育我们东山人不要忘本，要奋斗要感恩。东山中学师生多，要团结起来不容易，但是要善于做工作，作为东中后来人，不管是教师还是学生，要站得高，看得远。虽然人各有志，但作为一名

教师要发挥自己的长处，在与学生交流学习和生活过程中，应该像宪梓先生一样，东中需要我们做什么的时候，我们一定全力支持。年轻教师应该把培养人才作为自己终身的奋斗目标。宪梓先生对东中感情深厚却不挂在嘴上，其实就是希望每一位东山人对东中要有这种付出的担当。作为教职工，我们二十年三十年甚至更长时间在东中工作，我们一定要爱护东中，不负社会国家的期望。想一想我们与同行相比，教的学生素质也比较好，社会的期望也比较高。既然选择在东中工作就要尽自己的努力把东中办好。也许很多教师不以为然，以为我是唱高调，但是想一想，我们没道理对东中没感情。这让我想起一位快退休的老教师，他也曾经教过我。一次中段考试为了端正考风，学校要求监考教师一律不得离开教室，要认真负责监考。那时候都是骑单车上班，考试这天刚好下雨，这位老教师全身都淋湿了，但是他依然穿着雨衣监考，直到我巡查的时候，他叫住我，让我替他监考一下，换了家人送来的衣服之后又回来继续监考。想起我读书时候他就是这样认真负责，到即将退休了还是初心不改，真是一位可亲可敬的好教师，也是一位慎终如始、善作善成的东中人。他几十年如一日工作认真负责，是我十分敬重的教师，这就是东中精神。作为东山中学的一分子，唯有爱岗敬业，才能使东中长盛不衰。我们选择了教书，就要淡泊名利，一份工资，平淡度日。

　　启示二：我们要善待学生。宪梓先生如此热爱东中，念念不忘自己曾经的班主任善待过自己。作为教师，要爱学生，要善于引导学生，把学生当作子女来教。一日为师终身为父，前提是必须爱生如子，子才会把你当父母。

　　宪梓先生通过自己传奇式的奋斗，创造了大量财富，他把这些财富捐献给建设祖国、建设家乡、建设母校，一颗报效祖国之心令人敬仰。

　　尊敬的曾宪梓校友，祖国为您骄傲，我们永远怀念您。

（余贤辉、李群喜根据东山中学第二十二任校长杨昭尊的采访稿整理）

终生报效祖国是我的人生追求

曾秋玲

"三年共结金兰谊，一夕同牵万里情。"11月7日至11日，东山中学1956届高中毕业生在梅城大聚会，180名老师、同学偕伴侣从世界各地归宁团聚，畅叙情谊，乐也融融。

作为这次聚会的主要发起人，全国人大常委会委员、金利来集团有限公司董事局主席曾宪梓博士，向每位健在的1956届老师派发了1000元的礼金；在梅州金利来集团宴请了与会师友，席间逐桌敬酒，还高唱《没有共产党就没有新中国》，并与师友相约2008年北京奥运会结束后再团聚……

面对当年的老师和同学，曾宪梓博士情难自抑。在11月8日上午举行的学友大聚会上，作了40多分钟的发言，大吐心曲。以下是记者根据现场录音整理的，让我们从这个更富人情味的特殊视角，解读"性情曾宪梓"——

追求终生报效祖国

"……我时常会回想自己在东中读书时的情景。不知同班同学是否还记得，我们被分在爱国华侨捐建的松山堂上课。那时不知天高地厚，我说，以后我过番赚到钱，一定回来捐座教室。当时同学说我是'大炮鬼'。但我讲过这句话，我始终记得。我是穷苦人，靠助学金读完中学、大学。1961年我从中大生物系毕业分配到广东省农业科学院，1963年经香港去了泰国。没为国家服务就走了，觉得很内疚。站在罗湖桥我向五星红旗发誓：一定要艰苦努力，创造财富，将来在不同的社会环境用不同的方式回报祖国！我1968年移居香港，艰苦创业。做生意赚到点钱，1978年我回来，捐10万元人民币为东中建了座教学大楼。这是广东首例。1979年叶帅接见我，请我吃饭，表扬我这种做法好，希望我继续带头并主动组织港澳台同胞和华侨，大家都来关心、支持祖国和家乡的建设。我答应他，我一生一世都会这样做。"

"我一生追求什么？追求终生报效祖国！我创业、发展、参加社会活动、参政议政，所有这些活动的最高指导原则就是终生报效祖国。我觉得这样才有人生价值。我自己规定每年最少要捐——开头是30万、50万，接着500万、1000万，以后就每年最少捐2000万元。到去年年底，共捐了五亿七千万。今年按计划要捐2000万元，但助学基金650万，航天基金500万，重庆山区建中小学校500万，北京奥运会1000万，黄遵宪公园500万，叶剑英纪念园500万，算来算去已经5000多万，超支了！金利来集团资产今年算来20多亿，以前是97亿，因为亚洲金融危机不见了70多亿，就在这种情况下我还保持这种实力。"

"除了做'金利来'，国家要我做什么事，有什么好处我都不要。因为我赚了钱都要捐给国家搞建设。赚了钱就要拿来用，这样才有价值。人的一生，短短几十年就走了，走之前能够为祖国为家乡做些有益的事，才不枉此生。我捐钱之后，内心很高兴的。人总有心情不好的时候，我就到公司的陈列馆看看自己做过的事，哇，什么烦恼都烟消云散，不知有多高兴！所以说奉献也是一种快乐。"

"两年前，我把生意交给三儿子曾智明。他不错哦，公司年年都有点钱赚，可以养活他自己。以前我常说，只要'金利来'不破产，只要曾宪梓不死，我对祖国的回报就不会停止。金利来是不会死的，因为我们不借钱，全世界要买我们的产品也都得用现金，无烂账，'小公司''小生意'，经营得很潇洒。但曾宪梓是会死的。我带接管'金利来'的三儿子见航天员和有关领导，我告诉他们，我死了以后，我的基金会还是会继续的，由我儿承担……我要三儿子一年最低限度捐1150万元，不给他太大的压力。"

我没辜负客家人对我的期望

"……1968年我35岁时才开始创业，十分艰苦。当时香港社会充斥着世界名牌，但就是没有中国名牌、香港名牌。做领带无人看得起，但我把从街边卖的8元10元一条提高到三四百元一条。利润有多少？我现在可以告诉你，当时的利润是6倍到10倍！我赚钱全靠领带。从无到有，从小到大，创造出中国人的世界名牌。"

"我参加社会活动，首先从客家商会开始，出钱出力，样样带头。霍英东看我这个嘉应商会会长做得不错，提拔我做中华总商会副会长。我无私无悔地把中华总商会做好，带头出钱出力，团结香港所有商家，支持国家建设，搞投资，结果做了会长。100年来从没有客家人做过中华总商会会长呀，经过我的努力，做了6年，到去年退休。这点我为客家人争了光。"

"1984年《中英联合声明》签订后，香港进入过渡期，我被国务院聘为港事顾问；后来进香港特别行政区筹委会、预委会，以后到选举委员会，选举行政长官、选举立法会，我都积极参与。1997年7月1日，我和曾太有机会出席香港政权交接仪式；第二天，香港特别行政区颁发大紫荆勋章，表彰为香港顺利回归做出贡献的人士，第一批12人，我是其中一个。其他人都七八十岁了，我那时是六十多岁。在这点上我也为客家人争了光，没有辜负客家人对我的期望。同时，我觉得责任更大了，鞭策自己在一国两制、港人治港、高度自治上要继续努力，大家共同把香港建设好。所以我在香港经常会发表许多讲话，不怕生不怕死。"

"参政议政方面，1983年我加入广东省政协，1991年冬补选为全国人大代表，第八、九、十连续3届做了十几年全国人大常委会委员。全国人大代表有2900多人，人大常委155人，700万香港人中只有我一个人是全国人大常委会委员。这点我也为客家人争了光。我参政议政也是抱着终生报效祖国的理念，所以我十分刻苦努力，开会从不中途退出，总是坚持学习、研究，纵然病得严重，也还继续履行职责。"

最重要的是做人

"……1963年因为我阿爸的遗产纠纷，我去了泰国。我因为接受共产党的教育，在深思熟虑后，认为过去的财产与我无关，不想因为钱损失叔侄的感情，所以我宣布放弃我阿爸的遗产。钱财可用劳力、用智慧换取，但亲情是钱买不到的。"

"创业时期，我每天凌晨2点睡觉，早上5点起床。起床后、睡觉前总要问自己：我今天该做什么？是否都做好了？能否做得更好？做错了什么？为何会做错？有无乱花钱？有无骗人讲大话吹牛皮不诚实？我日日夜夜这样反思。一个从生物系出来，从来没读过工商管理没读过经济学的人，面对社会，最先也胆怯的，但我就是觉得不用怕。我4岁丧父，从小学会各种劳动，只要不偷不抢不骗，再苦再累，我什么都肯做。所以我觉得做人最重要。我到哪里演讲，都希望老师教书时最重要的是教学生如何做人，心中要爱祖国、社会、家庭、自己。"

"一个人要有做人的目标。好吃懒做从来不会成功。老同学，你们教育子孙时，这点可以我为榜样：我没有黄赌毒的嗜好，我出去40多年了，不饮酒，不赌博，不去夜总会，不去卡拉OK，日日就做，做了就会有。老同学，对子孙一定不要太过宝贝，一定要教小孩热爱劳动，洗衣服、洗菜、炒菜，什么都要会做，养成劳动的习惯，将来在社会上遇到困难就不用怕。现在有家长当子女的陪读，简直是发癫！我教我的小孩勤俭诚信要学，智慧要学，不断进取。我的小孩好在没有花天酒地，还算循规蹈矩。我教我的小孩，两句话就决定你的前途：讲斯文就是收入和支出，讲土话就是做和玩。如果一个人先做后享受，他一生的前途就是好的。我是这样，先做，生活上不肯用钱，到今时今日我都还不肯用钱，一餐饭10块钱解决……"

我很羡慕你们身体健康

"……看到大家身体健康、健步如飞，我十分羡慕。我患肾病10年了，现在是个空架子，靠机器维持生命！现在我每天得进行血透，每天最少2.5个钟头。我病得严重时，1996年2月24日紧急去到北京的医院，医院向中央发出病危通知，当时，江泽民、李鹏、李瑞环、胡锦涛等党和国家领导人送鲜花到医院来慰问，还派了李铁映等不少中央领导人亲自来关心，下令医院全力抢救。抢救之后没事了，但他们还十分关心我。"

"1998年在北京换肾，又失败了，回到香港，香港医生说没得救了，家属准备后事吧。中央要求'中山医'的领导、医生专门来到香港。'中山医'的党委书记说要带我回去，问我回不回，我说回。他说回去也不一定能够挽救你的生命，生存机会只有5％到10％，但中央和我们一定会全力抢救。结果我回来住院，抢救了30天，30天里随时都可能离去。30天后说有50％的希望了。最后住院66天，出院了。住院当时党和国家领导人胡锦涛、李鹏、李岚清代表中央打电话给省委、给医院，要求一定要全力抢救，所以我非常感动。"

"我告诉你，我上过'天堂'。做手术要把肾拿出来，一打麻醉针，我一下子就好像坐火箭经过西方世界，最后来到天堂。天堂很阔，金黄色的，金靠椅上坐了不少人，都是大块头，我一个都不认识。我走呀走呀，没一个认识的，招呼都没得打座位又找不着，做手术三个钟头，我觉得还不到一分钟；手术做完了我醒过来，医生对我说你的身体状况大为好转了。我告诉你们，天堂好看不好用，死气沉沉坐着，没意思，这样的天堂不能去。"

"我现在没做生意了。社会工作呢，还有两年三个月的全国人大常委会委员职责，以后我就退休了，有机会回来和大家一起饮茶聊天……"

（选自2006年10月《东中校刊》复刊第二十六期）

客家人的荣光

——记在爱中升华人生的曾宪梓博士

杨卓生

　　曾宪梓先生是广东梅县人，1934年2月2日出生在梅县扶大镇珊全村一个贫苦穷困家庭，1956年梅县东山中学毕业后考取中山大学，1961年中山大学生物系本科毕业。现是中山大学生命科学院荣誉院长、荣誉博士，北京大学工商管理学院荣誉教授。曾宪梓先生是香港著名企业家，香港金利来集团董事局主席，中华全国工商联合会名誉副主席，香港中华总商会会长，香港嘉应商会永远荣誉会长，教育部曾宪梓教育基金会理事长，广东省政协第五届、第六届常委，香港基本法咨询委员会前委员，香港事务前顾问，香港特别行政区筹委会预备委员会前委员，香港特别行政区筹委会前委员，香港特别行政区第一届、第二届政府推选委员会委员，第八届、第九届、第十届全国人民代表大会常务委员会委员。荣获香港最高荣誉"大紫荆勋章"；经国际小行星命名委员会核准，将中国科学院紫金山天文台发现的国际编号3388号小行星命名为"曾宪梓星"；被中国少年儿童基金会授予"热爱儿童"奖章；荣获"为广东社会经济发展作出突出贡献奖""广州市突出贡献奖""为梅州市社会经济发展作出突出贡献奖"；荣获"北京市、广州市、梅州市荣誉市民"称号；荣获民政部"中华慈善奖"和"粤港澳捐资公益事业先驱人物"称号。

　　曾宪梓先生的人生格言是："生命是短暂的，要把有限的生命为社会做些有意义的事，在我来说，是为家乡的文化事业、公益事业，为祖国的足球事业及四化建设贡献自己的全部力量。"曾宪梓先生说到了，也做到了。

一、艰苦创业报祖国

曾宪梓先生给自己下了一项硬任务，就是要终生报效祖国，尽自己能力为国家多做一些有益的事情。他从1978年到2006年累计在内地和香港捐资6.3亿多元。惠及教育、医疗、奥运、航天事业等。

1963年5月21日上午，血气方刚的青年曾宪梓到泰国处理父亲的遗产，经过深圳罗湖桥时，复杂的心情使他脚步沉缓，到了香港，年轻人被香港移民局官员足足盘问了三个小时。这件事，反应在"生于斯，长于斯"的客家人身上，十分气愤和万分难过，不就是因为懦弱的祖宗签订了那份耻辱的不平等条约吗？最好的对付手段是锲而不舍、坚韧不拔地终生报效祖国。那时，去泰国要在香港住半年才拿得到签证。他寄居在远房姑姑家里，一时找不到工作就给姑姑带小孩，晚上，听着噼噼啪啪的麻将声，难以入睡。白天，主人睡觉，他要带着小孩出去逛，堂堂七尺男儿寄人篱下，使他有一种强烈的屈辱感。好心的姑父给他在渔农处找了一份待遇优厚的工作，可是他拒绝了，他觉得，给港英当局工作是对祖国的背叛，他宁肯在家带小孩也不去给港英当局服务。曾宪梓又一次经历了爱国的考验！

到了泰国，看到哥哥与叔叔为争夺遗产剑拔弩张、断义绝情，经过一星期思考，决定放弃父亲遗产，走独立创业的道路。

那是一段相当凄惨的日子，贫困令他窒息，一家六口常常吃了上顿不知下顿在哪里，过了今天不知道明天的日子有没有着落，借住在垃圾遍地，臭气熏天，野狗、蚊蝇、乌鸦成群的贫民区，艰苦度日。

人可以被毁掉，不可以被打倒！无论在任何情况下，都要正道做人，艰苦创业！

在曼谷由于不懂泰国话，就到唐人街布行买点便宜的布，自己设计领带、自己裁、自己剪、自己缝，以维持全家的生计，移居香港后沿街兜售领带常被人呵斥、被人驱赶，但他安慰自己，告诫自己绝不退缩半步，即使泰山压顶也在所不惜，要拼命干下去。为创名牌他拜洋服店老板为师，不怕挫折、不耻下问，跑遍大百货公司挑选最流行最高档的领带，买回后反复地拆，反复地扎，反复地烫平，反复地分析其中的奥秘，从领带面料缩水的程度到纺织纹路、缝合方式、图案的绘制、颜色的搭配、商标的设计、领带的长短大小都做了一番细致的推敲。经过剪裁缝合、再拆开、再缝合、再烫平。终于在1968年靠一把剪刀、一把尺子、一个熨斗、一部脚踏式蝴蝶牌缝纫机起家，在领带行业里有了一席之地。1970年父亲节，曾宪梓在报纸上刊登了"向父亲致意，送金利来领带"的大幅广告，广告一登领带销路大长，曾宪梓信心倍增。1971年中国乒乓外交如火如荼之际，再次囊括世界杯奖项的中国乒乓球队胜利回国，途经香港，应邀在港举行庄则栋和李富荣最高水平的表演赛，香港无线电视台邀请曾宪梓独家赞助3万港币，这在当时相当于一层楼的价钱。曾宪梓一时拿不出高昂的广告费，但他横下一条心，憋着一口气，心想一定要在香港拿出中国自己的名牌产品，要让"金利来"成为中国的世界名牌、香港的世界名牌，让世界对中国、对香港刮目相看。于是他以分期付款的方式，拿下独家赞助权，一夜之间，"金利来"像长上了翅膀，飞向四面八方，订单雪片般飞来，"金利来领带，男人的世界"以不可阻挡的气势和魅力，风靡香港，风靡中国，风靡世界。曾宪梓成功了，他从树立产品形象到树立企业形象，从寻求优势到发挥优势，从创立名牌到推广名牌，并注意向内、向外、向家乡延伸，经过各种挑战、各种挫折，用勤劳智慧的双手，在你厮我杀的香港商界冲出一条血路，成功地缔造了不同凡响的企业王国，而且更成功地缔造了一个由新中国培养的客家人所创造的国际名牌奇迹，摘取了亚洲领带大王"桂冠"。曾宪梓以实绩赢得了香港出口市场推广方面的总督工业奖。曾宪梓因卓越的经济才能和无与伦比的爱国心连续六年任中华商会会长，得到霍英东先生赞赏。被推选为全国人民代表大会常务委员会委员、中华全国工商业联合会名誉副主席、香港嘉应商会永远荣誉会长。宪梓先生还以立场坚定、政治鉴别力和政治敏锐性强著称。他坚信"没有中国共产党就没有新中国，没有中国共产党就没有'一国两制'"，即使家里被恐吓、汽车被烧毁都毫不惧怕，也要支持"一国两制、港人治港、高度自治"，努力把香港建设好，为此他荣获香港最高荣誉"大紫荆勋章"。1997年7月1日在中国一洗一百五十多年耻辱，香港回归祖国主权交接仪式上，曾宪梓先生做出人意料的一件事，他激动地在会场里振臂高呼"祖国万岁"，呼出了他生命最强音。在《中英联合声明》签订后的第一个国庆节，在曾宪梓倡议下，嘉应商会组织了上千人庆祝共和国生日，从下午四点到晚上十点，宴会不断播放《歌唱祖国》《没有共产党就没有新中国》等爱国歌曲，表达爱国情怀。他多次受到江泽民、乔石、李瑞环、李鹏、胡锦涛等中央领导的接见，为祖国、为香港、也为客家人争了荣光！

二、心忧客家乡梓情

1989年正月十三晚，曾宪梓和我这个东山中学老同学在兴宁华侨大厦座谈时说过这样的话："一个县区一个乡镇一个家庭的贫困，主要是脑袋贫困，要想过富裕生活就要有富有思想，脑袋富有口袋也就富有了。我们都是年过半百的人了，有生之年要有钱出钱，有力出力，无钱无力就出点子，帮助祖国，帮助家乡早日富强起来。"宪梓先生是这样说的也是这样做的。他以"勤俭诚信"为座右铭。80年代在香港创立金利来集团的同时，第一个国内投资项目就选择在家乡梅县建厂房，先后建立了银利来有限公司，金利来有限公司，金利来制衣有限公司，利用自有资金兴建了占地80000平方米的制衣厂、领带厂和皮具厂。从"男人世界"进军"女人世界"，生产女装、手袋、化妆品、皮鞋等女士用品，赢得了名牌效应。他恪守"取之于社会，用之于社会"的理念，以"报效乡梓"为荣，以"为富不仁"为耻。他在香港不算最富有，但有爱国爱乡之心。1978年回母校东山中学，第一次捐款10万元兴建一座教学楼，是广东首例。1979年得到叶帅接见。叶帅请他吃饭，表扬他做得好，希望他继续带头并组织港澳台爱国人士和华侨，让大家都来关心支持祖国和家乡建设，宪梓答应一生一世都会这样做。然而，服务家乡建设也不是那么平坦的。1980年，他满腔热情回到家乡，捐了一部拖拉机和两部汽车，被说成是"施放资产阶级糖衣炮弹，宁长社会主义的草，也不要资本主义的臭钱"。他十分不悦，又十分容忍，也十分冷静，坚信叶帅的教诲是正确的，也坚信家乡父老兄弟定能解放思想、实事求是。他不断给家乡父老写信，传达外地开拓进取、解放思想加快家乡建设步伐的事例。1981年，梅县的领导终于采纳了他的意见，他满怀信心，带头捐建了大礼堂、图书馆、运动场，创办了宪梓中学，建起了嘉应大学宪梓楼，捐巨资建黄遵宪纪念公园、叶剑英纪念公园等200多个项目，金额达1亿多元。宪梓先生爱乡爱民的情怀，极大地鼓舞和激励了梅州人民开创山区建设新局面的决心。榜样的力量是无穷的，在他带动下，昆章艺术楼、兰芳电教楼、汉兴图书馆、锡昌科学馆、德龙大桥、家炳中学、秀兰大桥、孟依兄弟的"剑英校区"等项目一个个落成，成为造福梅州人民、造福子孙后代的千秋伟业。据此，宪梓先生荣获"为广东社会经济发展作出突出贡献奖""为梅州市社会经济发展作出突出贡献奖"，荣获梅州市、广州市、北京市"荣誉市民"光荣称号。被推选为广东省政协第五届、第六届常委和三届全国人大常委会委员。2007年4月，曾宪梓先生在纪念叶剑英元帅110周年诞辰大会上勉励父老乡亲，接过叶帅和一切革命前辈伟大的精神旗帜，学习继承光荣的革命传统，倡导"敬祖爱根、热爱中华、勤劳勇敢、团结统一、自强不息"的社会价值观，更好地构建和谐社会，为实现中华民族的伟大复兴做贡献。宪梓先生年岁已高，如此爱客家乡梓，源于对家乡的无限热爱和深深眷恋。全国政协副主席钱伟长为曾宪梓写下"梅州增宪，誉满桑梓"的条幅，表彰他无私无悔的奉献精神！

三、育天下桃李继业

　　曾宪梓先生在访谈录中谈道：青少年是祖国的未来，民族的希望，全面建设小康社会推进社会主义现代化的任务需青少年奋勇承担，中华民族伟大复兴的光明前景需青少年奋力开创。1978年中央召开科学大会，邓小平提出"科技是第一生产力"，叶剑英也发出"攻城不怕坚，攻书莫畏难。科学有险阻，苦战能过关。"的号召，宪梓先生积极响应，并根据"青少年考试能力强，独立精神差；知识扯不少，创造力较低"的特点，鼓励青少年要奋发图强，从小爱科学，长大攀高峰，特别对贫困学生格外关爱，经常捐助学生。1992年捐资港币1亿元与教育部合作设立"曾宪梓教育基金会"，奖励35所重点大学家庭贫困但品学兼优的学生；1993年3月25日，曾宪梓先生应国家教委中国国际交流协会和北京大学的邀请，专程到北大向600名师生做了一个半小时的演讲。他回顾了自己的成长过程，向学生讲述"勤俭诚信"的从商原则，他说："这些从商秘诀，我在香港工商界从来不谈，今天在你们面前都讲了出来。"学生开怀大笑，正如北大校长吴树青总结的"事例生动、内容充实、充满哲理、气氛热烈，常常爆发出阵阵笑声掌声"。因为他没有老板架子，同年轻人相处融洽，不少年轻人专程到他下榻的宾馆拜访他。3月30日，曾宪梓先生又捐资100万元人民币，建立中国政法大学教育基金。曾宪梓先生还勉励青少年要先学会做人，心中要爱祖国，爱社会，爱家庭，爱自己，从小养成劳动习惯，学勤俭诚信，学科学，学智慧，不要饮酒，不要赌博，不要吸毒，不要去夜总会。宪梓先生对青少年事业的关心，使他赢得了年轻人的心。东山同学称赞他"从小志气大，读高中时就承诺过等赚了钱，要给母校捐座教学大楼，他是这样讲的也是这样实践的"。不少青年都说他是个光明磊落、温文尔雅、不摆阔气、不摆架子的诚实人，他真心把青少年放在心上，他总是用笑脸和爱心关心着每个青少年。宪梓先生为祖国教育事业做出了突出贡献，被中国少年儿童基金会授予"热爱儿童"奖章，国际小行星命名委员会核准将中国科学院紫金山天文台发现的国际编号3388号小行星命名为"曾宪梓星"。

采访快结束了，笔者问宪梓先生：为什么如此关爱青少年？他说青少年是国家一面镜子，青少年智，国家旺；青少年优，国家强；青少年差，国家弱。再问为什么又特别喜欢有创新活力的青少年呢？他说：创新人人喜欢，崇尚科学追求进步是创新的根本动力，是创新人格的核心要素，也是创新型人才成长的动力目标与价值导向，引导青少年开拓进取，敢为天下先，服务于民族的进步、国家的发展，服务于人类社会的整体利益的学校，是最有前途最有影响力的学校，毕业后这些学生会在思维、人格、心理、能力等素质上高人一筹，对国家奉献更大些，愿这类学校像雨后春笋那样茁壮成长。

宪梓先生在热爱祖国、热爱家乡，关爱青少年中体现人生价值，在奉献爱心、善心、孝心中升华人生。他为祖国、为香港已奉献了不少，但仍感不够，仍在默默地耕耘着、奉献着，扎扎实实践行人生格言。他在给母校东山中学的信中说："我给祖国太少，祖国给我的太多，此生无所求，在有限生命中，为祖国、为香港多奉献一点，为客家乡梓多奉献一点，为他人多奉献一点，人生才会有价值"。

（选自2007年10月《东中校刊》复刊第二十七期）

从曾宪梓爱唱的一首歌说起

林作歆

我在东山中学1956届50周年聚会时，听到曾宪梓带领全家在晚宴上合唱《没有共产党就没有新中国》，豪情满怀，歌声嘹亮。70多岁的老人与儿孙辈同台合唱，和谐整齐，令我惊叹不已。据报道：2006年12月15日，在梅县第三届金柚节暨经贸洽谈会上，他作了大会发言。他在发言时表示，在会上听到梅州、梅县经济发展所取得的成绩，又亲眼看到了家乡的新面貌，感到由衷的高兴和自豪。"在短短的时间内，众人印象中贫穷落后的梅州竟然能取得财政增长速度全省第一的成绩，如此巨大的变化有谁敢想象？"他进而指出："没有共产党的领导，就没有今天祖国的强大；没有祖国的强大，也不会有今天梅县、梅州的快速发展。"

他叫礼仪小姐拿来一瓶水，喝了两口，清了清喉咙，就高声唱了《没有共产党就没有新中国》，歌声虽然不嘹亮，但听起来却特别激昂，而且特别富有感染力。随着他的歌声，广场上先是响起了有节奏的击掌声，然后有人开始跟着唱，独唱变成了整个广场的大合唱！

这首由曹火星作词、谱曲的歌，新中国成立初期最为流行，脍炙人口。1952年曾宪梓小学毕业后，因无钱上学只好在家务农，土改工作队进村，住进曾宪梓这户贫农家，在同吃、同住、同劳动中，是土改工作队同志教他唱了首歌，也是这位土改工作队同志发现他聪明好学，告诉他新中国成立后穷人的孩子可以申请助学金，并鼓励他认真复习功课。之后他考上了东山中学。他回忆说，从中学到大学，整整领了10年助学金，是共产党给了我知识，是共产党教我做人的道理，这首歌唱出了我要感谢共产党的心里话。我的童年是在8年抗战中熬过来的，亲见日寇侵略罪行和国民党军溃败之时胡琏兵团在梅县烧杀掳掠。我深知，没有共产党就要当亡国奴，没有共产党就没有新中国。这是历史真实写照。

后来经过了解获知，这首歌曾宪梓不但从小唱到老，还要求全家老幼唱、开会唱、让全场群众一起唱，各种重大集会、剪彩典礼都唱这首歌，让学校学生一起唱。移居香港30多年经常唱，参加集会，从国内到国外唱，与海外侨胞和留学生一起唱。

曾宪梓回忆说，尤其令人难忘的是《中英联合声明》签署，宣告1997年7月1日收回香港主权，1985年10月国庆节，我们香港客家商会筵开136席，1000多位宾客开怀畅饮，庆祝香港将要回到母亲的怀抱。从下午4时开始到晚上10时，不断播放《没有共产党就没有新中国》《歌唱祖国》等歌曲，表达我们由衷的喜悦，场面沸腾。

曾宪梓说：香港于1997年7月1日0时交接的时候，我心情非常激动，那时候顾不了那么多，我振臂高呼'祖国万岁！'会后很多记者采访我，我说，你们看吧，为什么香港可以顺利、平稳、和平交接呢？因为现在中国富强了，在共产党领导下的中国富强了，所以香港才能够回到我们祖国怀抱。香港知名企业家霍英东曾经说过，他赏识曾宪梓的原因有三：敢做、敢讲、有见识和胆略。

曾宪梓一贯认为：这首歌对我进行了热爱祖国的教育，

历史经验证明，50年来，共产党领导中国进行社会主义道路的艰难、曲折的探索，终于选择改革开放，实现民富国强，建立和谐社会之路。我深受教育，同样，我也教育我的后代，热爱共产党领导下的新中国。

2006年国庆节前夕，曾宪梓接受记者采访时说："我以前说过，只要我曾宪梓不死，金利来不破产，我对祖国的回报就不会停止。现在看，金利来不会破产，但我会死的。但是，我死了后，我儿子必须沿着我未走完的路继续前行，世世代代走下去。我人生学唱的第一首歌曲是《没有共产党就没有新中国》，我儿子会唱这首歌也是我教的。"

2007年7月，曾宪梓和两个儿子参加陕西黄帝陵整修工程捐资会之后，立即赶赴延安接受传统教育。他说，要让他们深刻了解，没有中国共产党就没有中国今天的成就。

2008年5月有人访问他时，他兴趣十足，展示他和妻子在延安的照片：身穿灰色军装，头戴红五星军帽，表情肃穆。忽然细声地唱起《没有共产党就没有新中国》。他那真诚坚定的信念让人肃然起敬！他说，这首生命中学会的第一首歌，他会唱到生命的最后一刻。多年来，曾宪梓在内地建立和资助了许多所学校，针对每所学校他都要求加强对学生的爱国主义教育，要求学生首先学会唱《没有共产党就没有新中国》。说到这里，曾宪梓满怀激情地唱起了这首歌。他特别指出："我们要建设好祖国，就要永远跟着共产党走，这是非常重要的。我经常强调共产党的领导好。1921年，中国共产党成立，经过28年的奋斗，建立了新中国；1978年邓小平先生总结了过去成功的经验，制定了改革开放的政策，中国迎来了大发展的好时期。谁在领导？是中国共产党在领导。我常和别人说："纵观历史，没有一个政党能够把我们的祖国领导好，只有中国共产党才能够把我们的国家领导好、建设好。改革开放需要党的领导，今后的经济建设、国家富强都需要党的领导。"

此生唯愿国昌盛

——曾宪梓博士访谈录

陈毅贤

　　航天英雄杨利伟11月初的香港之行，强烈地震撼着商界巨子曾宪梓博士的心，他以个人名义向祖国航天事业捐款1亿元。消息传来，人们为之感动。多年来，曾宪梓先生先后为祖国的公益事业捐献5.7亿元，做出了巨大贡献。最近，我们拨通了香港的电话，就读者关心的有关问题与他进行了探讨。

　　问：曾宪梓博士，您现在是全国人大常委会委员、香港中华总商会会长、香港贸易发展局理事、香港金利来集团有限公司董事局主席，工作缠身，但是日常事务再忙，您的心还是一直牵挂着祖国，牵挂着家乡。多少年来，您一次又一次向内地伸出援助之手。对此，您是怎么想的？

　　曾：祖国的恩情，赤子永难忘。我生于广东梅县一个贫苦农民家庭。4岁丧父，兄弟俩在母亲的抚养下，度过艰难的岁月。曾经因家庭贫困交不起学费而中途辍学，靠着砍柴放牛补贴家计。新中国成立后，政府给了我重新上学的机会，我是靠着国家的助学金完成了大学的学业。1968年我怀着对祖国、对家乡的一腔热血，踏上了创业报国之路。虽然只有6000港元起家，但是我立志要创办一流的品牌，生产国际一流的领带，创出中国人自己的名牌，将来报效祖国、报效家乡。

　　问：是不是因为政府给了您重新上学的机会，才造就了您的今天？也正是因为有了今天的成就，您才更体谅国家的困难，更担心贫困的孩子上不起学？

曾：是啊。教育是兴国的根本，国家在发展过程中，还有一些贫困地区的孩子教育成问题。所以，我尽力所为。1992年，我捐赠了1亿港币，与教育部合作，成立"曾宪梓教育基金会"。从1993年开始至现在，基金会共奖励师范类院校教师、民办教师及35所重点大学的家庭贫困但品学兼优的学生，奖金总额达6390多万元。尽管金利来在发展过程中，需要大批资金注入，形成新一轮发展高潮，但国家的教育更需要我们尽一点力。在这种情况下，每一个爱国商人都应该责无旁贷。

问：事实上，在几十年的创业过程中，您一直不忘报效祖国、报效家乡，从80年代初，您的事业稍有发展，就开始致力于捐助发展内地和香港的文化教育、体育、医疗及社会公益事业，您在梅州市创办了中国银利来有限公司，并将"银利来"的全部盈利，用于家乡的公益事业。

曾：这些都不值一提。人的一生有赚不完的钱，但要把所赚的钱全部乱花掉，那是轻而易举但毫无意义的。所谓大厦三千丈，躺下仅八尺。金利来35年的创业，从无到有，从少到多，一直引领着中国男士服装的潮流，成为中国人欢迎的国际品牌。目前，金利来在全国拥有庞大的销售网络，专卖店（柜）逾1000个。几十年来，我们事业的大厦拔地而起，但是，无论过去的我，还是今日的我，每天所睡的床和常人一样长一样宽。这就说明一个道理：每个人生命是有限的，只有在有限的生命中，为祖国多奉献一点，为家乡多奉献一点，为他人多奉献一点，人生才会更有价值。

问：这次杨利伟香港之行，您又以个人名义捐资1亿港元，设立曾宪梓航天科技发展基金，您是怎样考虑的？

曾：这笔钱对于我个人来说，也不是个小数字。但对于航天事业来说，这点贡献是渺小的。我常说要把有限的生命献给祖国，献给家乡。既然生命都可献给祖国，钱，这个身外之物，又能算得了什么呢？给予永远是一种幸福，奉献永远是一种喜悦，个人财富是有限的，融到国家和人民的事业中，就会产生更大的价值，生命之树才会长青。

问：曾宪梓博士，您长期推动香港市民爱国、爱港事业，在为内地、香港经济建设和繁荣，促进香港平稳过渡等方面做出了卓越贡献，您得到了很多荣誉：1997年7月2日，香港特别行政区行政长官董建华亲手把金光闪闪的大紫荆勋章挂在您的胸前。北京、哈尔滨、沈阳、大连、广州、梅州等地方政府先后授予您"荣誉市民"称号；南京紫金山天文台以国际编号3388号小行星命名为"曾宪梓星"……

曾：是啊！我给祖国的太少，祖国给我的太多。看到祖国一天比一天繁荣，一天比一天强大，我心里无比的喜悦和欣慰。此生无所求，唯愿国昌盛。

（选自2003年12月30日《梅州日报》）

纪念爱国善举

——圆明园举办曾宪梓博士雕像揭幕仪式

800万很多，却远不及曾宪梓的拳拳爱国心；17000米很长，也无法定义曾宪梓以身许国的毕生追求。25年时间，曾宪梓的爱国善举亦足以穿越时空，被每一个人铭记。

2019年5月24日，为纪念金利来集团创始人曾宪梓博士为圆明园围墙复建工程捐资25周年、大力弘扬曾宪梓博士的爱国善举，圆明园特邀请中国艺术研究院雕塑院副院长郅敏教授为曾博士制作半身雕像，并于圆明园三园交界处隆重举办雕像揭幕仪式。

国务院港澳办副主任宋哲、国家体育总局副局长高志丹、航天英雄杨利伟、海淀区委书记于军、海淀区副区长张若冰等领导及嘉宾，曾宪梓博士、金利来集团主席曾智明先生、圆明园园方代表、海内外社会各界人士和学生代表，集聚一堂，共同见证这一神圣庄严的时刻。

在海淀区委书记于军致辞之后，曾宪梓博士携宋哲、高志丹、于军、杨利伟、曾智明等嘉宾一起共同为雕像揭幕。伴随着雕像的揭幕，曾博士动情地回顾了当年捐资复建圆明园围墙的往事，表示自己只是做了一件小事，表达了自己几十年如一日心系祖国的初心。此次圆明园雕像揭幕，是表彰，更是曾博士爱国之心的永恒纪念。

特别值得一提的是，中国首位航天员、航天英雄杨利伟与多位奥运冠军也来到了揭幕仪式现场，因为曾博士一直以来对航天、体育事业的积极支持，帮助他们为国家发展做出了贡献、赢得了荣耀。曾博士的爱国之心亦跨越了圆明园的围墙，影响了更多的人。

同时，圆明园金牌讲解员解秀清向在场嘉宾介绍了曾宪梓博士的爱国事迹，并由学生代表向曾宪梓博士敬赠锦旗和鲜花。在仪式最后，由曾宪梓博士带头和全场嘉宾一起共同高歌《没有共产党就没有新中国》，再一次倾诉了对党和国家的深刻感情，令在场者无不动容。

圆明园占地350公顷，建筑面积近16万平方米，其间有150余景，是一座"万园之园"。历史上圆明三园内外围墙总长度约为17000延长米，虎皮石质地，三合土地基，墙高约2.8米。经过近百年的掠夺、破坏，原本的围墙已被毁坏殆尽。如此庞大的园林，想要保护与整修并不是一件容易的事。

1993年3月，曾宪梓博士应邀来到圆明园，当时的圆明园遗址几乎看不到围墙，遗址也没有完全整修。目睹当时的圆明园沧桑遗址，为抢救、保护圆明园遗址，建设遗址公园，曾博士当即表示为修复圆明园围墙捐资人民币800万元。

1993年12月18日，曾宪梓博士为保护圆明园遗址捐款仪式在北京钓鱼台国宾馆举行。在仪式现场，曾宪梓博士深情地说："中国在共产党的领导下正一天天走上富强之路，这使我们海外同胞非常高兴。为祖国捐款，关心祖国的发展，支援祖国建设，这是我对祖国的回报。今后我还要以行动报效祖国。"

对于曾博士的爱国之举，中共中央政治局委员李铁映表示："曾博士捐款保护圆明园遗址表达了香港广大爱国人士的爱国之心，相信在曾博士的带动下，一定会有更多的海外有识之士为祖国的社会主义建设、为保护我国优秀文化遗产给予更多的支持。"仪式最后，北京市文物局局长王金鲁接受了800万人民币捐款，并向曾博士赠予捐款证书。

曾博士此番善举，直接推进了圆明园围墙复建的进程，为圆明园文物保护工作提供了巨大的帮助，让世人得以见到如今的圆明园遗址公园。

为了纪念曾宪梓博士的慷慨捐助，圆明园管理处特在圆明园内三园交界处立碑铭文："圆明园内周边园墙长约17000余延长米，是圆明园盛世风貌的组成部分。自1860年英法联军劫毁圆明园至中华人民共和国成立之前损失殆尽。为抢救、保护圆明园遗址，建设遗址公园，著名爱国人士、香港金利来集团有限公司董事局主席曾宪梓博士于1993年12月18日捐资人民币800万元重修圆明园围墙。爱国之举，令人称颂，特立此碑铭记。"

时间跨过25年，曾博士保护圆明园、复建围墙的往事仍历历在目，仿佛就发生在昨天。而在25年后的今天，在同样的三园交界处，这个故事也将随着曾博士的铜像落成而更加熠熠生辉。

（选自2019年12月《东中校刊》复刊第三十九期）

大善大爱感上苍　爱国爱港写传奇

——写在宪梓先生八十大寿前夕

张庆培　李干文　俞育宏　李耿光　张招英　廖焕达

2013年是宪梓先生八十大寿。这个年龄在现代不算是很高龄。但对他和对我们来说，却意义非凡。他以无与伦比的坚强毅力和信念，和病魔作斗争，创造了生命奇迹。据国家有关部门统计，国民换肾后的最长延续寿命为十五年，存活率为百分之一。宪梓先生是1995年做的肾移植手术。术后，因真菌感染导致肾移植失败，香港医院预言其生命最多能延长一个月。后经国家有关领导派人把他接回广州中山大学附属第一医院抢救两个月，终于获得了第二次生命，并延续至今。

宪梓先生1951年起就读东山中学，1956年高中毕业。东山中学高中1956届离校50周年庆典提前于2005年举行，个中原因就是担心宪梓先生活不到2006年而离世。曾先生多次笑对友人说："我这辈子不知死了多少回了，在天堂旅游了半天，找不到位子，又重返人间。"

面对死亡，对曾先生来说早已不是第一次，他很坦然，无所畏惧，用他的话来说"已经赚了很多年喽"。现在虽然曾先生尚未盖棺，但可以定论：曾宪梓一身正气，爱国爱港爱乡，终生报效祖国，国人敬仰！

诚如胡锦涛主席对曾先生所说："你为国家做了那么多好事，党和人民是不会忘记你的！"2008年，时任统战部部长刘延东代表胡锦涛主席、温家宝总理到香港曾先生家中探望，表示关怀慰问。刘延东亲切地对在座的曾夫人黄丽群说："曾先生不只是你们家里的曾先生，也是国家和人民的曾先生。"十一届三中全会后，曾先生受历届党和国家领导人接见。曾宪梓先生用他的言论和实际行动，谱写出一本厚厚的为世人颂扬、学习、传承的赞歌，他的名字将流芳千古！

曾宪梓白手闯世界，由家庭手工业到上市公司，打造出世界名牌"金利来"。到目前为止，他为国家贡献了逾10亿人民币。捐资项目800多个，遍及全国各地，并先后成立了教育、航天、体育、慈善基金。

曾宪梓在香港富豪榜上排不上号，他的捐资也不是独占鳌头。但以他的捐资和他的财富比例而言，却是数一数二，更为动人的是2011年他在北京颁奖会上郑重宣布，他死后，个人财产将会全部奉献给国家。

曾宪梓这个传奇人物，多年来在政治、经济、教育、社会各界，各阶层，从中央到地方获得荣誉无数，人们馈赠给他的纪念品，中央、地方颁发给他的奖品、奖状，琳琅满目，摆满两个陈列室。他的足迹遍布神州大地。所到之处无不锣鼓喧天，鞭炮齐鸣，掌声如雷，广受人民欢迎爱戴。

几十年来，曾宪梓担任的公职、私人职务几十个，忙得不可开交。最具有代表性的是破例连任三届全国人民代表大会常务委员会委员。他是中华全国工商联合会副主席，香港中华总商会会长（客家人首例），世界客家人联谊会永久名誉主席，香港特别行政区筹委会委员，港事顾问等。国家、香港特区政府以及其他地方政府给他的荣誉、头衔不胜枚举。这是政府和人民给的回报奖励，让他终生自豪、倍受鼓舞。1994年一颗小行星被命名为"曾宪梓星"；他为香港回归、繁荣稳定做出卓越贡献，首批荣获大紫荆勋章；2009年在第八届亚太华商领袖论坛暨亚太最具社会责任感领袖颁奖盛典上，获"最具有责任感华商领袖"大奖；2012年3月24日首届全球根亲（客家）文化盛事颁奖大典在郑州举行，曾宪梓先生获"世界客家杰出领袖"永远荣誉称号。他先后得到北京、哈尔滨、沈阳、广州等十几个城市授予的"荣誉市民"称号……一桩桩、一件件的事实，印证了曾宪梓的心里、血液里、骨子里都注满了爱。他爱国、爱党、爱港、爱乡、爱母校、爱同学、爱朋友，真是洒向人间都是爱。

宪梓先生虔诚信仰佛教，他的师父是深圳弘法寺本焕长老（今春与世长辞，享年106岁）。他说他不是出于迷信而信佛，而是佛教的宗旨教人心要好，心要慈，心要善，要行善积德，感恩图报。

宪梓先生虽然不是共产党员，但他一言一行都以共产党员的标准严格要求自己。《没有共产党就没有新中国》这首歌，他从小唱到老，从国内唱到国外，自己唱，家里人唱，还带领群众唱。他告诫三个儿子："不得说对共产党不利的话，不得做不利共产党的事。"他建议家人朋友去井冈山、韶山、遵义、延安、西柏坡五个革命根据地旅游，去感受共产党如何艰苦卓绝创业，才知道今日太平幸福生活来之不易。在香港回归前后，宪梓配合中央积极投入工作，有"好心"人对他说："你不要太天真、太冲动，这是共产党在利用你！"他幽默地回答道："本人心甘情愿被共产党利用。"他说他要为党为国战斗到生命最后一刻，他对共产党的感情值得我们学习、再学习。

曾宪梓是东山中学哺育出来的一位杰出人士，是东山中学的骄傲。叶剑英元帅把东山中学塑造成红色革命摇篮，曾宪梓先生给东山中学添砖加瓦，大力改善办学条件，为东山中学办成全国一流中学打下牢固基础。早在1978年他就为母校捐建了一座"宪梓教学楼"，这是广东全省首例，起了模范带头作用。随后，他又陆续捐建"宪梓图书馆""宪梓大礼堂""宪梓运动场"，合建"七十周年纪念楼"，重修"东山书院"，设立奖教、奖学金，捐赠汽车、电视、图书仪器等。2012年又追加1000万人民币造多功能体育场。

东山中学一代代的师生都会永远记住叶剑英、曾宪梓两位英杰，这是毋庸置疑的！

宪梓先生还有高尚的情操和人格魅力，细微之处见高尚，平凡之中看伟大。许多常人做不到的事他做得到。例如，他对自己的物质生活淡如水，节俭到吝啬。穿的是一二十元的街边货，皮鞋一穿十年，一个手表戴一辈子，出门应酬才穿西装，吃的是家常便饭。前些年规定一日伙食30元，现在随着物价的上涨提高为50元。用餐，一律用公筷，剩菜剩饭一律打包，第二餐再吃，不浪费一点粮食。他深知盘中餐，粒粒皆辛苦。香港是万花筒般的花花世界，四十多年他从不涉足夜总会、舞厅，他不抽烟，不喝酒，不赌博，无不良习气，真是出淤泥而不染。他平易近人，不摆架子，不讲排场，不炫富，不显官。少年时的旧同学去探望他，他把太太和儿子住的房子让给同学住，没有把这些旧友当外人。他说这样既省下宾馆钱，又多了一些时间聚会聊天，用过的床上用品可以换洗后再用，何乐不为。

　　我们客家人过去形容一个人命好叫"一生人闲到死"，形容一个人命不好则说"一生人做到死"。我们且不说宪梓先生的命好不好，但他是"一生人做到死的"，年少丧父家里穷，为生存，从小就劳动，与母亲相依为命。后来腰缠万贯，本来可以休闲了，但他仍然选择"做"，并且比贫困时更拼命，十几年拖着病体，行动又不方便，血管扎过上万次特大针头，白天要透析两三小时，仍然照做不误。秘书把每周的工作、应酬排得满满，为了什么？用曾先生的话说："人生短短几十年，在有生之年，能为国为民做更多有意义的事，才不虚度年华，才不枉此一生。"

　　什么是幸福？时任广东省委书记汪洋在十一届党代会上谈幸福广东时表白："让更多的人过上幸福的日子，就是我最大的幸福。"曾宪梓这位党外人士对幸福又是怎样理解的呢？他说："看到学校里孩子们活泼可爱的笑脸，看到成千上万贫困大学生得到资助，完成学业，心里就无比快乐，无比幸福。"

　　最近，一帮朋友聚会，有人提议：把曾宪梓的丰功伟绩展示给世人，搞一个曾宪梓特色文化馆，同时大力发扬客家文化。有个地产商慷慨表示：如果有人去研究曾宪梓文化，他可无偿提供一套房。今年6月下旬，教育部港澳台办组织"追寻曾宪梓先生足迹"的活动，清华、北大等35所著名大学中获曾宪梓教育奖学金的优秀学生代表一行约80人，前往梅州、广州两地进行广泛深入的考察。同学们对曾宪梓先生的事迹感触颇深，纷纷表示要跟着曾先生的足迹前行。看见这些年轻有为的有识之士，我们感到无比欣慰。宪梓先生是客家人的光辉楷模，是近现代岭南百杰之一（深圳《晶报》

评价）。他的事迹和他的高贵品质，正在受到广大人民的颂扬，以后也一定会在民间，特别是客家族群中发扬光大，世代相传。值此曾宪梓先生"七九晋一"之际，东山母校百年华诞之日，我们衷心祝愿宪梓先生健康长寿，活得更好。衷心祝愿东山母校百尺竿头，更进一步。

骨气、志气、爱国心

——学习《曾宪梓传》有感

杨卓生

由作家夏萍撰写的《曾宪梓传》生动记述了曾宪梓在艰苦环境中百折不挠创办世界名牌"金利来"过程中超前的商业头脑、顽强的奋斗精神和爱祖国爱人民的高风亮节，披露了曾宪梓从一个贫苦的孩子到富商大亨的惊人努力，其中童年的艰辛，少年的求知，青年的奋争，乃至成功后的不断进取都感人至深，令人敬佩。本文谈谈我读了《曾宪梓传》的体会：

1. 狠气与骨气。传记中叙述到1963年5月21日正午，年轻的曾宪梓来到深圳罗湖桥上，复杂心情使他脚步沉缓，这时他第一次离开祖国大陆，为了父亲遗产经香港去泰国。到了香港，年轻人被香港移民局官员足足盘问了三个小时，他十分难过和气愤。不就是因为懦弱的祖宗签订了那份耻辱的条约吗？最好的对付手段就是骨气！曾宪梓坚信骨气可战胜狠气，骨气的力量就是人格的力量，而人格的力量是不可战胜的，曾宪梓告诫自己：我一定要有骨气，一定要努力奋发向上，求得事业的发展，总有一天我要回来报效祖国的，尽我的一生，尽我的所有，为我的国家出力。坚信在骨气面前，狠气就会像泄了气的皮球；在骨气面前，狠气会失道寡助；在骨气面前，狠气会失去市场。正是这种骨气使曾宪梓先生的"金利来"名牌走向成功，走向世界，走向辉煌。

2. 呆气与志气。曾宪梓先生说："一个人最关键的应该有志气，不能有呆气和窝囊气，穷并不可怕，可怕的是，饱食终日，无所用心，只要心中有祖国，锲而不舍、坚忍不拔、坚持不懈，就可以干番事业。"这体现了宪梓先生认准目标后努力开拓进取，执着追求、敢于拼搏、争创名牌的志气和毅力。

曾宪梓经常对朋友说："我不相信外国人能做好的产品中国人会做不好，领带的天下不可能永远属于欧美诸国。"凭着这种不甘落后的中国人的志气，他在创业之初立足"求生存、创名牌、争优势"的发展战略，立志要创名牌。在曼谷由于不懂泰国话，就到唐人街的布行，买一点便宜的泰国布，回家后自己设计、自己裁、自己剪、自己缝，维护六口之家的生计。到香港后沿街兜卖领带，其辛苦程度不亚于在曼谷，所卖出的领带不够数，他誓不回家。为创名牌，他跑遍大百货公司挑选最流行的、最高档的四款欧洲名牌领带，买回家后在小作坊里反复地扎了又扎，对这些高档领带面料的性能、缩水程度、织造纹路等深入研究。拆开、缝合，又拆开又缝合，再拆开再缝合……在立志创业的精神驱使下，买入全套进口领带原料，着手打造优质领带。他从寻求优势到发挥优势，从树立产品形象到树立企业形象，从创立品牌到品牌推广，一是向内延伸，由领带发展到服装皮具；二是向外延伸，从香港发展到泰国、印尼、马来西亚、新加坡和欧美市场；三是向家乡延伸，1985年在家乡梅县创建"银利来领带厂"，从"男人世界"进军"女人世界"。品牌终于成功了，他光荣地摘取了"亚洲领带大王"的桂冠，为家乡、为香港、为中国人争了荣光。

3. 爱国心。报效祖国是曾宪梓先生的人生观。他恪守取之于社会用之于社会的信条，他说："人活在世上，首先要树立为国家服务的观念。祖国培养我，我要报效祖国。人生下来时两手空空，去时也不能带走什么，我只希望在我有生之年为祖国多做一点好事。"这些掷地有声的语言就是曾宪梓对祖国对人民捧出的一颗滚烫的忠心。据不完全统计，宪梓先生在内地用于办学、修桥、筑路和体育事业捐资项目超过300个，3亿多港元。传记中还记录了曾宪梓自勉的座右铭"不要问国家能为你做什么，要问你能为国家做什么。"记得1989年正月曾宪梓和我这个东山中学老同学在兴宁华侨大厦座谈时曾说过这样的话："人生易老天难老，岁月无情不可违。我们都是年过半百的人了，我希望在有生之年实现自己的多年理想，有钱出钱，有力出力，无钱无力就出心、出点子，帮助祖国、家乡早日富起来。"这一席话我终生难忘。活着给国家做奉献，为人民献爱心，曾宪梓先生在这方面做到了身体力行，不愧是祖国人民的好儿子。

曾宪梓，一个将自己的身躯、灵魂、金钱与祖国的繁荣昌盛，祖国的前途联系在一起的中国人。身为全国人民代表大会常务委员会委员的曾宪梓自始至终、自觉自动，为祖国奉上一颗忠贞的爱国心。为此我愿借用全国政协副主席钱伟长为他写下的条幅"梅州增宪，誉满桑梓"赞誉他的骨气、志气、爱国心和奉献精神。

（选自1999年10月《东中校刊》复刊第十九期）

君子如玉　温润而泽

——曾宪梓博士的商道

客名君

　　曾宪梓博士是中国足球、奥运、航天、教育的贵人。梳理足球历史，重新翻看之前写过的关于曾宪梓先生的文章，他去世的时候我还写过一篇《一百张照片纪念曾宪梓先生》，当时边写边感动到落泪。1978年他开始给家乡捐建教学楼；我读过的小、初、高、大、研五所学校，都有宪梓楼。我们读大学的时候他还专程到学校看望，当时他刚做过手术很虚弱，却不忘关注在京的东中学子。每次写品德如玉、意志金刚、智慧具足的君子时，心中会有一种暖，写叶剑英元帅的时候，是如此，写田家炳、刘锦庆的时候也是如此……客家民间崇正崇儒，涌现很多德才兼备的君子，君子美德如玉，早期可能被很多人认为是"傻"，然而他们的人生成就表明，大德才能大成，至善有大福。曾宪梓先生是享誉世界的企业家、慈善家。天上有一颗星（3388号行星），被命名为曾宪梓星，和田家炳星（2886号行星）一起，照耀神州大地。他乐善好施，慷慨支持教育、科技、体育和文化等领域，惠及亿万人。以后我会专门写篇他和中国足球的文章。2月是他的出生月，本篇着重写宪梓伯的商道，以为缅怀。

　　2018年4月16日，金利来集团有限公司创始人曾宪梓先生宣布正式退任公司主席及辞任执行董事职务，现任副主席曾智明升任主席。秉持"勤俭诚信"信念创业于香港的曾宪梓先生，以领带起家创造了金利来王国，实现了他早年"改变贫穷命运"的个人愿望。这位一手创造了"男人的世界"的客家乡贤，在商道、教育、慈善等方面走得坚实而高远。

然而，他对财富的态度却远远超然于个人甚至企业之上。据不完全统计，从20世纪70年代至今，曾宪梓对内地的教育、科技、医疗、体育等事业的捐赠总额超过了11亿元，捐助项目超过800项。从小学到研究生，客名君上过的学校，都有宪梓楼，或设有曾宪梓奖学金。

笔者与曾宪梓先生见面，是在1998年。那次收到通知说曾宪梓先生到学校，希望和在京东中学子见上一面。他坐在轮椅上，气色很不好，据说刚刚做完大手术。应该休息的人，却不惧辛劳来看顾年轻学生，这令我对这位长者颇为感佩，祈望他早日康复。彼时客名君还是个腼腆内向的大学生，静静地坐在后排不起眼处，聆听着曾先生用沙哑、低沉、朴素的梅县客家乡音，叮嘱我们这些"八九点钟的太阳"要好好读书、回报家乡，坦诚真挚，拳拳之心溢于言表。拍完合照，一行人匆匆送他赶回医院。据说那次手术极为凶险，他连遗嘱都准备好了……这是一位吉人天相的客家先生。我不知道那张照片学校有没有留存下来。

一、"勤做就会有，唔使惊"

曾宪梓，1934年2月2日出生于广东梅县扶大镇珊全村。他的曾祖父、祖父、父亲三代都下南洋谋生，做些小买卖，并建起了祖屋。曾宪梓的父亲曾荣发在泰国建了两家百货店，母亲蓝优妹只身从梅州远赴泰国和曾荣发完婚，后生下曾宪概和曾宪梓。1938年4月，曾宪梓4岁时，朴实、勤快的父亲因过度劳累去世，年仅35岁。

曾荣发在泰国留下的那两间店铺，后来没有收回。蓝优妹当时年仅29岁，在曾氏兄弟分家的时候，她和孩子只得到一头水牛。这场遗产风波，后来曾宪梓以大义妥善处置，也为他的创业埋下了伏笔。人生艰难，蓝优妹咬紧牙关，独立养育两个幼子，每天辛劳结束，她会跑到丈夫坟前大哭一场。她非常能干，搭杆棚、使牛犁田，这些繁重而需要智巧的农活，样样出色。为了生计，她甚至从梅县挑盐到江西去卖，像男人一样挑着满满一大担盐，跋山涉水。

家境艰难，蓝优妹仍然按客家传统，让两个孩子读书，并教育两个孩子要直面家穷现实，要求孩子"立志"，注重尊严和感恩。她对曾宪梓说："细狗（曾宪梓小名），我们是穷，但人穷志不穷，你就特别要自爱。勤做就会有，唔使惊。就是人家给的东西，也不能随便要，而且人家吃东西的时候，不应该看。有志气的孩子就不会被人家瞧不起。"

曾宪梓和哥哥是穷人的孩子早当家，起早贪黑勤力做活。在那半饥半饱的童年岁月，除了读书，他学会了耕作、编织、家务等技能。他心灵手巧，会琢磨各种小创造，比如自制鱼钩钓黄鳝和鱼，给营养不良的母亲吃，也送给很多帮助过自家的热心乡人。他每天还早早起床到学校给教书的梁简如先生烧火煮饭、洗衣洗菜。

曾宪梓的母亲坚韧、善良、严格、刻苦，其言传身教，让他终身受益。后来曾宪梓创业之初，母亲又成了他创业的鼎力帮手。

2013年客属恳亲大会上，曾宪梓先生曾总结客家人的精神，他说："刻苦、耐劳，面对困难不畏缩，勇往直前，有智慧，肯拼搏。不要浪费时间，把握任何一分一秒，把行动思想灌注到创业发展中，这就是客家精神，也是客家魂。"他把这种精神发挥到了极致。

二、土改先生和东山中学

1949年，梅县解放，土改工作队来到了珊全村，有队员住进了曾宪梓的家。有位来自兴宁的土改工作队队员看见这孩子一忙完农活就看书，便鼓励他继续上学，并帮他申请了每月3元钱的助学金。他上了水白中学，并以优异成绩考入当地重点——东山中学。

在东山中学，他喜爱足球，是体育健将。学习成绩也名列前茅，且担任班长。因头脑灵活、点子奇多，他被同学起外号叫"老鬼"（"老"字在客家话里面是老成练达之意，和"人书俱老"中的老字一个意思；鬼是鬼灵精的意思；"老鬼"就是足智多谋之意）。他曾获全梅县百米短跑第一，据说很久都没有人打破他的县纪录。

高中时，他的初中同桌、班花黄丽群同学到乐育中学就读，曾宪梓则留在东山中学。黄丽群的母亲在东山中学做杂务。曾宪梓有心，担任东中体育部部长时，经常组织与乐育中学的班际赛。他将自己的米桶放在丽群母亲做杂务的房间，并常常给丽群补习功课。补习的时候，两人山歌传情，"坐下来，坐下来，聊到两人心花开，聊到鸡毛沉落水，聊到石头浮上来"。

临近高考时，黄丽群得了严重的肺病，在20世纪50年代，肺病几乎意味着没有未来。曾宪梓一周后才听说，不顾当晚吓人的狂风雷暴和倾盆大雨，从东中跋涉到黄丽群家求婚，求婚成功后又冒着雷雨赶回东中。高考前夕，两人成婚。

曾宪梓的母校东山中学是梅县最好的中学，当时，由爱国华侨捐赠的教室因年久已变得狭小破旧，设计也乏善可陈。上课的时候，坐在后排的曾宪梓根本看不见黑板上的字。他心直口快地说："这种教室设计得不好，不合格。"这个年轻气盛却连饭都吃不饱的学生当时就"夸下海口"："等我过番挣了钱，我一定转来捐一座教室，而且一定比这个大，比这个高级。"

10年后，曾宪梓过番；20年后，曾宪梓捐巨资拆去旧教室，盖起了一幢造型别致的高大教学楼——宪梓教学楼。时至今日，他仍然感念那位鼓励他读书，帮助他申请贫寒助学金的兴宁土改先生，后来曾联系当地政府帮忙寻找，未果。

高考填志愿的时候，自信满满的他只填了北京的两所高校——清华和北大，未填其他学校，结果落榜。校长在会上又失望又遗憾地说，曾同学平时成绩优秀，高考时却因谈情说爱，影响了学习，连大学都没考上……

三、罗湖桥一别，几时转？

第一次高考落榜后，曾宪梓破釜沉舟，复读一年，考上了中山大学生物系。他利用课余休息时间在宿舍给学校编竹器（他的绝活儿，什么竹器都能编），后来为学校写钢板刻讲义，把起早贪黑赚来的工钱，寄给母亲和妻儿，补贴家用。

这位大学生身在广州求学，并时刻为在梅州的家人尽着人子、人夫、人父的职责。暑假时作为学生干部的他培养了一位得力的同学负责组织工作，他得以返回梅州帮家人干活。

大学毕业后，曾宪梓被分配到广州农业科学院的生物化学研究所工作，他将母亲和妻儿接来，一家人在广州一起生活。后来他在泰国的哥哥提及当年父亲的遗产，需要他帮忙处理。1963年5月31日，他独自经由香港赶赴泰国。当时中泰尚未建交，曾宪梓只有在香港拿到护照并有人担保，才可以去泰国。从深圳罗湖桥入香港时，他慨然想：此去一别，几时可以回来呢？

在去泰国之前等待签证的几个月里，他寄住在一位远房姑姑家中，备尝寄人篱下的艰辛，且他不好意思白住，就帮亲戚带小孩，四顾忧闷茫然。哥哥的本意，是期望曾宪梓来泰国后，两人联合向叔父要回父亲当年的店铺。然而曾宪梓经过认真调查之后，认为当年母亲和哥哥已经签字画押，且叔父是靠自己的本事将生意做强做大，他不忍见亲人反目，便将道理讲明，强调亲情大义，这个拖家带口且身无分文的年轻人竟然"相逢一笑泯恩仇"，分文不要叔父的钱，此举让叔父和哥哥两家人都大感意外。

1966年的2月，黄丽群才带着儿子们到泰国和曾宪梓及母亲团聚。1967年初夏，曾宪梓一家六口寄居在哥哥曾宪概的家里，身无分文的他帮哥哥管理工厂，由于各种原因，关系紧张。不久，一家六口被赶了出来。

他们借住于同乡在泰国贫民窟的一处房子里，备尝艰辛。叔父听说了，送钱过来。但曾宪梓即使在这样的境地，也没有接受叔父的钱。他变卖了手头所有值钱的东西，找同乡借了缝纫机，自己做领带在唐人街卖，然而不少当地人因不想得罪他哥哥，拒绝买他的领带，一家人上顿不接下顿。

此刻的无助让他痛苦地领悟到：将来，永远不要绝情绝义，永远都要竭力帮助有困难的人。"滴水之恩，当涌泉相报"，对那些在他历经磨难的日子里出手相助的人们，曾宪梓一一铭记在心，发达之后，他千方百计寻找这些查无音讯的恩人，渴望一一报答。对于欺侮过他的人，他则将过往一笔勾销，不计前嫌。

四、"金利来，男人的世界"

1967年年初，香港时局动荡，人们纷纷逃离香港。1968年，曾宪梓孤身返港。叔父从泰国电汇来1万港元，指明是给孩子的安家费用。曾宪梓将其中2000元给了姑姑，租房安家2000，剩下6000作启动资金，购买了熨斗、剪刀、尺子、缝纫机等工具，自己做领带卖。

"我每天努力做，每天有每天的要求。今日总结，明天又有新的要求。明天总结，后天又有新的要求。日复一日，年复一年，就发展了。"

这位生物系毕业的高才生每天晚上做了领带，次日拿到尖沙咀一带去推销。他说着一口客家味的白话，没少被人取笑、辱骂和驱赶。对此一向倔强、自尊自强的他无暇在乎和宣泄，因为一家老小等着他养活，生存压力如山大。他只有靠高频推销增加购买率，不卖够数量不能回家。

这位年轻推销员表现出非同寻常的思维方式，他被洋服店老板驱赶和辱骂之后，不仅没有生气，次日整装端仪地带着热腾腾的咖啡，登门向洋服老板道歉，虚心求教生意经，令其刮目相看。曾宪梓认为，做买卖就是做人，只要人品好、坚持做，就会越来越好。后来的生意，不断被他这份理念加持。

"我做生意是有点'怪'的。别人要买我的产品来卖，我摊开账本给他们看，我的成本是多少，我赚了你多少，你能赚多少。"曾宪梓说，分销商赚得多，推销你的产品就有干劲。正是靠这种"你有利，我有利；你大利，我小利"的经营方式，曾宪梓自豪地表示，他从第一天创业开始，从来没亏本过。不论是赚得多，还是赚得少，一定要赚，但是他自己赚得少，别人赚得多。

"对做生意，我很有兴趣，也很有信心。我觉得，做生意是智慧的较量，是自己与自己斗争，自己考验自己。"有个马来西亚老板，每年向他订货。有一次对方向他购买1万条领带，他表示最多只卖3000条，并给对方分析：你先买3000条领带，既不用一下子付这么多货款，而且卖出第一批3000条领带的利润，已经足够购买第二批货，这样每次都有新货卖……客商采纳了曾宪梓的方法。最后客商卖了3万条领带！"我用我的方法，初看少卖7000条，最终多卖了2万条。"

"特别重要的是，做生意成不成，生意做得好不好，并不完全是资金的问题，而是一个人的人品、做人的方式方法的问题。在没有资金没有能力的情况下，要想推销你的产品，你就必须用心揣摩客户的心理。总而言之，做生意实际上是学问。"

他开始了他的"一万小时"定律，每时每刻思考领带这一单品，研究市场，研究时尚，研究消费者心理，研究进口高端竞品，研究广告效应，研究品牌。他在刚刚起步时，就超前地采取高端定位，并在原料等细节方面脱颖而出。他结合合作伙伴的心理，发明了新的多赢商业模式——赊销+品牌专卖店，迅速在各大百货商场攻城拔寨。

1971年，正值中国推行乒乓外交如火如荼之际，再次囊括世界杯奖项的中国乒乓球队胜利回国途经香港，应邀在港举行表演赛。曾宪梓以雄魄之力，花了当时的天价，冠名电视广告。这次广告之后，"金利来领带，男人的世界"的口号家喻户晓。

广告过后，曾宪梓又巧妙地利用心理战术——饥渴营销，对个别高傲难进的大商场订单采取暂时惜售的方式，结合专卖柜台的形式，各大商场的订单雪片一样飞来。今天苹果的旗舰店专卖店体验营销、饥渴营销、冠名营销，还有爆款营销、产品战略、品牌战略等，曾宪梓先生早在20世纪60年代就玩过了。曾先生还玩过"时间冠名营销"（这个词是客名君发明的），就是推出"金利来双周"活动，把渠道的时间直接拿来冠名，在有好产品的基础上，全方位占领消费者的心智和时空。

从1968年一穷二白开始创业，到1971年年底，总共不过4年，曾宪梓凭借一双手，凭着自己总结的"勤、俭、诚、信"的经商原则（其实还有很重要的"智"），以超前卓越的广告意识和独创进取的商业智慧，将领带这一单品年销售额做到了100多万港元之巨（相当于今天的几千万），果然是当年东山中学足智多谋的"老鬼"。

五、"企业家的脑子，是不能停的"

《香港商报》"财富传奇"专题中曾称道："曾宪梓创造了一个属于香港人甚至可说是中国人的名牌，使港人不再认为港货是廉价货，比不上外国的货品，这该是每一个香港人感到骄傲的事情。"

1973年石油危机，香港经济遭受了重挫，百货商场纷纷减少订单，甚至设置订单配额。曾宪梓想到了一个办法，在百货公司租借一小块地方设置品牌专柜，金利来自行委派销售人员，百货公司不用预付订货款，而是以销售分账的方式分成，如此减少了百货公司的付款压力，又保证了营销质量，化危为机，大获成功。

曾宪梓熟读《毛选》，在商业上，他善于看准机会和利用机会，以"敌退我进、敌疲我打"的方式占领市场。他抓住外国品牌订货周期慢的弱点，将专柜数据的表现和生产供应链精准结合，缩短订货周期，对世界时尚快速反应，并保证专柜货色的全、新、快（这是后来Zara的成功之道，曾宪梓也在20世纪70年代初就开始用了）。如此，他经历了石油危机、数次金融危机、消费习惯变迁危机（牛仔裤兴起）等，始终掌握对生意的控制权和创新意识，一次次化腐朽为神奇。

80年代初曾宪梓就开始多元化战略和国际化战略。金利来陆续推出了皮带、皮鞋、皮包、钱夹、T恤、运动套装、毛衣、西装、西裤、袜子、吊带、腰封、领结、领带夹、袖口纽、匙扣等男士服装、男士饰品及用品，满足男士全方位的服饰需要，口号改成"金利来，男人的世界"。

他擅长多赢、借力，做深产品线和做广市场。他在产品推广的过程中，严格坚持了那雷打不动的统一售价、统一货品配给和现金交易的三大原则。这个门道很厉害，就是给消费者稳定的高质量预期。这难道不也是星巴克遍布全球的套路么？

金如旭日腾飞起，利似春潮带雨来。1983年，金利来进入中国内地。1982年中英就香港前途问题展开艰巨的谈判。香港市面上"末世心态"毕呈，不少商家纷纷向海外转移资产。曾宪梓却毅然将原拟投资美国的百万美元，转投到粤东山区的故乡——梅州市。两年后，中国大地上最先进的领带生产企业，在鞭炮声中开业。

除了铺天盖地的广告，以"金利来"冠名赞助的体育活动，也在全国轰轰烈烈展开。曾是东山中学体育部部长的曾宪梓，在80年代，通过"金利来杯"足球比赛，将中国六大足球强队——辽宁队、上海队、北京队、广东队、大连队、八一队，集中到"足球之乡"梅县打超强赛，而且整场比赛都是央视转播。

1986年3月4日，曾宪梓在故乡梅县投巨资兴建的中国银利来有限公司正式投产。由于内地管理人员经验不足，前两年亏损。1988年，曾宪梓决定独立承包银利来公司，并且委派记者出身的精明能干的罗活活女士执掌。以高品质、高标准化、独特商业模式拓展的金利来和银利来，在中国的业绩很快扶摇而上，至1994年在内地营收就近8个亿。

1992年6月，曾宪梓成立金利来集团有限公司。1992年9月18日，金利来集团在香港联合交易所股票市场正式挂牌上市。

曾宪梓善于赋能员工，所以金利来的忠诚老员工很多。

他对员工要求严格且高标准。他要求所有金利来的员工都必须做到四个"不可分"。其一，要求员工明确自己的职权范围。其二，要求员工淋漓尽致地发挥自己的聪明才干。其三，要求员工凡事要有强烈的责任心，属于自己职权范围内的事情，要主动负责，不可推卸责任。其四，员工有理由要求自己的合理待遇，所谓价高者得。

对于子女，他说："我们一定要教育孩子正直做人、正道从商"。曾宪梓的智慧和气质，不仅被他的子孙们传承，也影响和惠及了他的员工、他的捐助对象等无数人。

曾宪梓做生意务求稳健。"做生意还是要掌握很多方式方法的，要算了再做，不要做了再算，只有这样才可以稳扎稳打，顺顺利利地向前发展。""我们中国有13亿人口，有品牌的产品太少了。日本，弹丸之国，可有品牌的产品比我们多，我们要反思！这里面的症结在哪里呢？它关键在于企业家对产品的要求。"

曾宪梓就这样奇正结合，以自己的勤勉、品德和才华开路，将金利来做成了享誉世界的名牌。

六、"只要还拿得出来，我就要捐"

70年代中期，曾宪梓回到阔别多年的故乡梅县。当他在梅州市领导的陪同下走进大会堂，很多人不知他是何许人也。他绕台一周，笑吟吟向家乡人介绍自己："站在大家面前的这个又黑、又红、又粗、又高大、特别是又爱家乡的人就是曾宪梓。"1978年，他给母校东山中学捐了一栋教学楼，从此，这位每顿饭餐费不超过10港元的实业巨子，开始了他恢宏广远的慈善之路。

他有一句话常被媒体引用，"只要还拿得出来，我就要捐"。他孜孜不倦地在整个中国的热土上践行回报的诺言。除了在家乡投身教育等公益事业外，曾宪梓通过其名下的"曾宪梓教育基金会""曾宪梓载人航天基金会""曾宪梓体育基金会"，奖励了全国38所重点大学中家庭贫寒又品学兼优的大学生，在航天事业上奉献的航天人和奥运会上获得金牌的运动员。

"捐给教育，我心安理得，只希望受资助的这些大学生将来也尽力回报祖国。"曾先生对教育支持最多。1992年12月20日，曾宪梓教育基金会由曾宪梓捐赠1亿港币，与教育部合作成立。基金会实施了"奖励优秀教师计划"和"优秀大学生奖励计划"。20多年来，基金会秉持"振兴中华、培育英才"的宗旨，奖励资助优秀教师和大学生逾5万人次，累计捐款超过2.5亿元人民币，实为中国教育的幸事。

此外，曾宪梓先生给予内地医院、学校的建设和发展持续的慷慨支持，所以很多学校都有曾宪梓楼或者奖学金。举几个例子：

1984年至今，曾宪梓博士先后七次向他的救命恩人——中山一院捐资近1800万元用于医院建设。"1998年，我换肾失败后，香港医生宣布了我的'死亡'期限，告诉我最多只能活三个礼拜，我都写好了遗嘱。结果中央派黄洁夫来到香港，他说，只要有一线希望，医院就要把你抢救回来。现在12年过去了，我还能在这讲话，非常感谢中山一院，恩情永远不能忘记。"

1990年，他捐资支持北京大学光华管理学院建设和发展。2016年起，曾先生决定连续10年捐资设立北京大学"曾宪梓优秀教学奖"，促进北京大学教师队伍建设，实现创建世界一流大学的目标。

这样的例子太多了。

2004年曾宪梓以1亿港元成立"曾宪梓载人航天基金"，每年拿出500万港元，奖励20位航天科技专才。2018年4月23日，2017年度曾宪梓载人航天基金会颁奖大会在京举行，景海鹏、陈冬等119名在神舟十一号交会对接任务中做出突出贡献的人员获得奖励，奖金共计1340万元人民币。截至2018年4月，曾宪梓载人航天基金会已为杨利伟等14人次航天员颁发了特别贡献奖，为354人次航天科技和管理人员颁发了突出贡献奖，目前已累计发放奖金人民币5790万元。

曾宪梓体育基金会于2008年由曾宪梓捐赠1亿港元设立，用于奖励在第29届、30届、31届、32届夏季奥运会上获得金牌的内地运动员，旨在通过内地奥运金牌运动员的楷模效应，带动体育人才培养，促进国家体育事业发展。2012年伦敦奥运会后，基金会曾追加1亿港元，对奥运会内地金牌运动员的奖励延续4届至2036年第36届奥运会。

除此之外，他也创立了"助残研究基金"，捐资汶川、雅安灾区，支持百色扶贫事业，参与内地各种救灾救急、扶贫济弱事业。

捐款之余，曾宪梓先生更将自己的大好年华献身各种社会事务和国家事务。40年来，他以各种方式参与到香港特区的建设和发展中，并在1994年成为香港第一位全国人大常委会委员，为内地和香港的繁荣发展建言献策。2008年，他以74岁高龄，坐着轮椅成为北京奥运会香港区火炬接力手。

"终生回报祖国，到死方休。这是我年轻时的梦想，也是我一生的抱负。人生不过短短几十年，但必须在有生之年，做更多有意义的事。这一点，我一辈子都不会变。"曾宪梓先生说到做到。

所以，作为客家人，是很幸运的，因为有田家炳、曾宪梓这样崇德兴仁、智慧饶益的高境界达人。他们皆是传奇。君子如玉，温润而泽，光学习他们的智慧和人品，就已是非凡的财富了。写着写着，客名君觉着曾宪梓先生长得有点像达摩禅师。

夏萍写的《曾宪梓传》中提到过一幅画——达摩过江。画中禅宗第一世祖达摩禅师踩着飘忽不定的芦苇渡江，江面波涛汹涌，达摩的神态却如闲庭信步。"人生犹如达摩过江，是个人人必须经历的由此岸到达彼岸的过程。无论知或不知，都经历在生死之间、沉浮之间、祸福之间。每走一步，都必须小心谨慎，力行精进。每走一步，都必须以最为平和的、积极的心态去坦然面对……"

曾宪梓先生曾出任的社会职务还有：中华全国工商业联合会副主席、香港特区筹委会委员、港事顾问、香港中华总商会会长、贸易发展局理事、香港华侨华人总会永远名誉会长、新加坡南洋客家总会永远荣誉会长、香港佛教文化产业永远荣誉顾问、北京师范大学名誉教授、广州中山大学生命科学学院荣誉院长、广州中山大学名誉博士、美国爱荷华威思利恩大学政治学博士、暨南大学副董事长、仲恺农业工程学院校董会名誉董事长……

（选自2021年12月《东中校刊》复刊第四十一期）

曾宪梓继承发扬了客家族群的优良传统

林孟光　潘　莉

客家人的优良传统

客家人的老祖宗是中原汉族人。从隋唐开始，每当遭遇战乱浩劫或天灾歉收，总有一些中原百姓举家南迁，辗转千里来到梅县、惠州、兴宁、五华等贫瘠的丘陵山区落脚群居。

宋元期间，基本形成客家族群（又叫客家民系），俗称"客家人"。客家人祖先，在人迹罕见的荒丘野岭劈山造田，开荒种地，但成年累月的辛劳并不能养家糊口。许多男人只能含泪告别亲人背井离乡，"过番"（即出走南洋或境外其他地方）谋生，他们跋山涉水，漂洋过海，在异国他乡闯荡拼搏寻求生路。留守女人接过丈夫的担子，压在自己的肩上，田头地尾辛勤"刨食"，锅头灶尾操持家务，家里屋外照顾老人抚育儿女……日思夜盼出外的男人有"出息"，早日归来，结束天各一方的苦日子。人们无不赞叹："客家妇女撑起了家乡的整片天地！"在外的客家人打工或经营小本买卖，所得微薄，克勤克俭，生活在当地社会最底层，少数精英靠勤俭、诚信和不怕困难的品德，艰苦奋斗几年甚至几十年得以在境外站稳脚跟发家致富，继而衣锦还乡，买田地，做大屋（盖大房子），光宗耀祖，让家人过上众人羡慕的富裕生活。一些殷实的富豪慷慨解囊，为家乡架桥修路、建校办学、扶贫济困。这样的乡贤被乡亲们奉为光辉榜样，老师在课堂上、家长在餐桌旁，异口同声赞颂他们，鼓励儿孙要立志追随效仿。这就是客家人引以为荣的"勤俭致富、惠泽乡里"的人生奋斗目标。

为此，客家人年复一年，薪火相传，生生不息，奋斗不止。久之，形成客家人闯荡拼搏、吃苦耐劳、勤俭诚信的优良传统。

继承发扬客家人"勤俭诚信"的优良传统

"勤俭诚信"是宪梓的座右铭，是他经商、参政、从事社会活动所遵守的原则，是他创办金利来企业并发展壮大的根本。宪梓作为客家人杰出的代表，在自己的人生道路上，把客家族群的优良传统发扬光大。

宪梓4岁丧父，家境贫寒，无依无靠，全指望母亲羸弱的身体做苦力维持生计。母亲每天披星戴月，早出晚归，辛苦劳作，却终年吃不饱穿不暖、受尽欺凌。宪梓把这些比黄连还苦的点点滴滴牢记心头，从小懂事，知道体谅母亲的艰辛，自觉地做事减轻母亲负担。11岁时他就已经能帮着上山放牛、割草砍柴，家里用的扁担、箩筐、鸡笼、猪笼，也是他到山上砍竹子回家劈成竹条编织的。小小年纪，心灵手巧，学什么像什么，做出来的东西有模有样还结实好用。邻居们交口称赞时，母亲愁苦的脸上露出难得的欣慰笑容，看到母亲的笑容是宪梓最快乐的时刻！只要母亲高兴，宪梓心里就特别欢喜，特别有成就感，手脚被竹皮拉得血迹斑斑也不觉得痛。他一遍又一遍地告诉自己：将来长大了，什么苦都不怕，什么活都能干！一定要让母亲过上好日子！贫穷与苦难磨炼了宪梓的意志，积聚了战胜困难的勇气和信心！

新中国成立后，共产党的土改工作队送因家贫辍学的宪梓重返校园，依靠人民助学金的支持，他读到大学毕业，成为有能力有觉悟的知识分子。1963年，宪梓移居泰国，1968年辗转定居香港。当两手空空离家出境之际，他的心情难以平静，挥手告别五星红旗时一再扪心自问："我这一去是不是愧对了祖国的栽培呢？"宪梓内心响亮地回答："不！我将来有机会一定要回报祖国，而且要终生报效祖国！"宪梓就是怀着这样坚定的信念和对家乡、对祖国的无限深情，义无反顾地走出国门，投身到艰辛创业的洪流中，奋力游向遥远的成功彼岸。

创业初期，每天不管多累多晚，他必须卖出60条领带，才够全家一天生活开支。宪梓难忘当年在尖沙咀游客多的区域沿街叫卖领带时的情景：挑着货郎担的他常常被人呼来唤去地故意捉弄，有的还刻薄地"泼冷水"说，"客家佬，你连话都说不好，还想做生意发财，做梦去吧！"

让他记忆犹新的是，有一次到洋服行去推销领带，刚进门就被老板不分青红皂白地大声吆喝："你进来干什么，出去！"硬是连推带搡地把他轰了出去！当时他心里难受极了。生意得做，而且还必须做好，换一个角度看，这是对自己的挑战与机会。想到此，宪梓在第二天的下午诚挚邀请这位气势汹汹轰赶自己的老板喝茶，并诚恳地向他道歉和请教："老板，我刚刚开始学做生意，对于生意场上的人情世故，特别是很多规矩我都不懂，所以昨天那么鲁莽地走进店里，打扰了老板，影响了老板做生意，这是我的过错，请老板不要介意，同时更希望得到老板的指教。"他的这一举动，让老板深感意外，这位年轻人不一般，既大度又诚恳，将来肯定有出息，值得教。从此，宪梓和老板越走越近，成为知心好友，后来该老板主动提出让宪梓把缝制的领带拿到他的洋服店代卖。宪梓非常高兴，这是自己梦寐以求的好事，有钱大家赚、互惠互利多好啊！宪梓就是这样以诚待人，虚心求教，在一次次"遭遇"中学会了做人处世，结交了许多能够互相帮助的好朋友、学习了从商经营之道，路也越走越宽！

节俭是客家人的优良传统，更是宪梓始终坚持的准则。1987年6月初，宪梓带香港愉园足球队来大连参赛，他下榻在普通的星海宾馆里，宴请我这个阔别三十一年的老同学，既没有山珍海味的奢华，也没有"一醉方休"的客套，更无丝毫亿万富翁的显摆。还偕同国家足球队原教练曾雪麟一行驱车到我家看望我的岳母和家人。宪梓知道我的同胞大姐1947年去了台湾，在70年代戒备森严的情况下，还想方设法利用商务的关系多次为我们秘密传递信息，接续了我们姐弟间断了30年的联系。得知大姐还活在人世并且思亲心切，迫切希望能够尽快相见的心情，宪梓热情地牵线搭桥，悉心安排，我们兄弟姐妹八人终于在1988年4月齐聚香港，实现了魂牵梦绕41载的骨肉团聚。宪梓因担心香港的消费水平比内地高，工薪阶层的我们难以承受，所以我们八人在港逗留期间的食宿花销全部由他"埋单"。宪梓对老同学的情谊不是做在表面而是藏在心里，他默默地帮你所需，让你感到踏实、贴心。

宪梓在香港这几十年，虽然生意越做越大、钱越挣越多，但他的劳动人民本色没有改变，没有忘记自己曾经吃过的苦，一句话：没有"忘本"！宪梓在香港40多年，从来没有到过夜总会和舞厅，不喝酒、不抽烟、不赌博。从衣食足到金利来上市，有了数十亿的巨额财富，宪梓从没想到犒劳一下辛劳半生的自己、过一过舒心安逸的生活，而是从几十万到几百万乃至几亿元地慷慨解囊，大手笔地支持祖国建设。自己的生活却几十年如一日，鞋子穿了七年还继续穿。因为穿的时间太长，鞋跟一边高一边低很不舒服，在朋友陪同下宪梓咬咬牙买了一双香港普通工薪阶层常穿的一般品牌的皮鞋，价值1200元，穿上后感觉很轻很软，特别舒适。但几天以后，朋友见他又穿着原来那双坏了的鞋，就问他："为什么不穿新买的鞋呢？"宪梓抬了抬脚，很开心地说："你看，补好了，又可以穿了。新买的鞋那么贵，还是留着参加庆典的日子再穿吧。"

宪梓在外边吃饭从不浪费，吃不完的就打包带回去。他嫌出席商会的会议吃饭要150块钱太破费，就回家用餐，一点肉、半碗饭、一盘青菜，用不了10块钱就吃得很满足。他说："省下140块又可以帮助很多穷人了！"正因为心里时刻装着生活困难的人们，时刻想着要为解除他们的疾苦多出一点力、多献一分爱心，十年来，宪梓始终过着最普通的生活，并以从不铺张浪费为荣，而以简朴节俭度日为乐。宪梓始终与劳苦大众心心相连。

创立金利来国际名牌的几十年漫长过程中，宪梓坚持真诚、守信。他视质量为生命，不合格的产品决不允许出厂，即使花高价买来的原料，如果检验发现瑕疵，宁可处理掉也不以次充好；原材料涨价，自己公司吃亏也按照原订单交货；甚至因为员工疏忽低报了货价，宁可认赔也不改承诺。

宪梓就是这样"宁可自己亏本，也要坚守信诺"，所以得到众多合作者的信赖，彼此配合默契关系融洽，事业做得红红火火、兴旺发达。

在事业逐渐走向佳境的同时，宪梓坚守"要终身报效祖国！"的承诺。他告诉人们："没有新中国就没有今天的宪梓，更不可能有我今天的成就。我要用不同的方式来报答自己的祖国，我可以为我的祖国做任何事情，而且我把这些所做的事情都视为回报祖国的一种方式……并且，我将一直这么做下去，直到生命的最后一息。"宪梓20世纪80年代以来慷慨捐资达8亿多人民币，分别用于祖国的文教卫生、体育、航天、慈善等事业；宪梓在担任香港嘉应商会会长和香港中华总商会会长期间，积极开展社团活动，团结海内外华商回国投资，支持家乡和祖国的建设；他积极参政议政、从广东省政协委员到全国人大常委会委员，认真为国家建设建言献策；他无私无畏仗义执言，从当港事顾问到获颁大紫荆勋章，在香港回归前后勇于承担，敢于与港英势力作斗争，为促进内地与香港的合作以及香港平稳回归做了大量的工作。一些人误解宪梓，称他为"亲中人士"而加以指责，对此，宪梓一笑置之："大家都是中国人，中国人热爱自己的国家是天经地义的事情，谈不上什么亲中不亲中。在爱国的问题上，我永远都是理直气壮的。只要我认定自己所做的事情是对的，就会一如既往地做下去，既不食言，又不后悔。"耿直豪爽，令人肃然起敬！即使在重病缠身，每天必须靠血液透析才能维系生命的情况下，他也仍然按照要求出席会议，忠实履行全国人大常务委员职责而没有丝毫懈怠。

2008年，年逾古稀的宪梓将他的承诺更进一步修改为：

"只要金利来不破产，即使宪梓离开人世，报效祖国也不会停止！"可见，宪梓要求自己的儿孙，将来继承他的遗志，把报效祖国的事业继续传承下去。宪梓无私忘我报效祖国的行动，充分体现了他的拳拳爱国心，殷殷报国情。

　　曾宪梓是祖国人民的好儿子，曾宪梓是客家人的光辉楷模！

曾宪梓博士的人格魅力

杨卓生

"三年共结金兰谊，一夕同牵万里情。"2005年11月7日至11日，东山中学1956届的老师、同学偕同伴侣从世界各地归宁团聚。畅叙情谊中，议论最多的是宪梓先生的人格魅力。师生员工三言两语过后，就发起问来：宪梓如果没有人格魅力，施号令，无以响应，作决策，无以执行，何以一呼百应，令行禁止？可见，宪梓先生的人格魅力，指的还不仅仅是其气质、风度、品德。

我以为宪梓的人格魅力，由以下几个方面组成：勤政有德；博学有才；有领导艺术、协调能力；豁达大度、修炼有成。一句话，即德才兼备、众望所归。

具体来说，宪梓的人格魅力主要表现在：

爱国心。做人德为本，爱民干为责。德包括政治方向、政治立场、政治观点、政治鉴别力和政治敏锐性。头脑清楚，方向明确。顾全大局，爱国家、爱香港、爱家乡、爱母校、爱老师，爱同学。坚持"一国两制，港人治港，高度自治"，努力把香港建设好，才能在群众中拥有较高的影响力。即使平民百姓，也不愿意接受心无全局、糊里糊涂的领导。

清正廉洁。讲诚信、讲道德，公正无私；决策科学、民主；搞五湖四海，不搞任人唯亲。"廉者，民之表也"，为官者清廉与否，人民最为重视。当人大代表、嘉应商会会长期间，宪梓博士皆克己奉公，清清白白做官，堂堂正正做人，则一言而万民齐。

勤政爱民。国而忘家，公而忘私，鞠躬尽瘁，淡泊名利。为人民服务、当人民公仆。时刻关心群众疾苦，把群众的冷暖放在心上，终生报效祖国是其人生追求。"……我时常会回想自己在东中读书时的情景，不知同班同学是否还记得，我们被分在爱国华侨捐建的松山堂上课。那时不知天高地厚，我说，以后我过番赚到钱，一定回来捐座教室。当时同学说我是'大炮鬼'。但我讲过这句话，我始终记得。我是穷苦人，靠助学金读完中学、大学。1961年我从中山大学生物系毕业后分配到广东省农业科学院，1963年经香港去了泰国。没为国家服务就走了，觉得很内疚。站在罗湖桥我向五星红旗发誓：一定要艰苦努力，创造财富，将来在不同的社会环境用不同的方式回报祖国！我1968年移居香港，艰苦创业。做生意赚到点钱。1978年我回来，捐10万元人民币为东中建了座教学大楼。这是广东首例。1979年叶帅接见我，请我吃饭，表扬我这种做法好，希望我继续带头并主动组织港澳台同胞和华侨，大家都来关心、支持祖国和家乡的建设。我答应他，我一生一世都会这样做。"他是这样说的也是这样践行的。

敬业务实。对企业，对事业，对本职工作，勤勤恳恳、兢兢业业、诚心诚意。艰苦奋斗，扎扎实实做事，讲求实效。

宪梓的人格魅力，是领导能力、威信、作风、道德等各种因素的综合反映。因而人们，至少是他的属下，能够在他身上感觉到奋发向上、百折不回的志气，披荆斩棘舍生取义的勇气，令人敬畏的求新求好的才气，以及一股浩然正气。其人格魅力的核心是"做人要知足，做事要知不足，做学问要永不知足。"

（选自2006年10月《东中校刊》复刊第二十六期）

曾老先生之风　山高水长

刘沁慧

2019年9月20日16点28分，享年85岁的他在梅州的故土上，在他时刻牵挂着的家乡，安详地走了。

他说，他最爱的歌曲之一是《没有共产党就没有新中国》。

他说，要读好书、做好人，走进社会后才能更好地为建设祖国出力、为祖国为人民奋斗。

他说，家乡哺育他成长，回报家乡是他应该做的事情，今后还会更多地支持家乡发展。

他说，他要用尽一生为国家出力。

他说，他只是做了一点小事。

唱起国歌时他曾热泪盈眶，目睹家乡贫困时他曾热泪盈眶，而此刻的我，热泪盈眶的瞬间，想起的都是他的模样。

从20世纪70年代至今，他对内地的教育、科技、医疗、体育等事业的捐赠总额超过了12亿元，其中对家乡梅州的捐款达2亿元。他是梅州的骄傲，东山人的自豪，第八届、九届、十届全国人大常委会委员，香港金利来集团有限公司创办人，香港著名企业家，改革开放先锋，伟大的爱国者。他是东山学子永远的精神领袖、学习榜样！

宪梓教学楼、宪梓图书馆
宪梓大礼堂、曾宪梓运动场

七十周年纪念大楼、东山书院……
除此，曾宪梓先生还
捐赠大批教学仪器、图书资料
以及设置奖学金等

漫步在东山中学的林荫大道上
拼搏在东山中学的宪梓教学楼
挥汗在东山中学的曾宪梓运动场
……
您与东山人同在

勇往直前

1968年，曾宪梓先生用叔父给的6000元港币买来尺子、剪刀和一架"蝴蝶牌"缝纫机，在香港与妻子一起白手起家，并定下目标：树立品牌，挑战洋货。给自己立下誓言：无论将来环境如何变化，都必须正直做人，勤俭创业。"艰难困苦，玉汝于成。"他以顽强的意志力和勇气，从做领带小作坊起家，成功缔造了不同凡响的"金利来"王国，逐步奠定了"金利来"在全球服饰品牌中的地位。

克勤克俭

捐款时他从来都是个"大富翁"，捐款数额过十亿，但自己的皮鞋穿旧了也舍不得买一双新的。鞋跟磨得一边高一边低，走起路来非常不舒服，身边的人都劝他买一双好一点的鞋子。但他却悄悄地将旧皮鞋换了鞋跟，继续穿用。

护理曾宪梓的护士也告诉记者，曾宪梓平日的饮食十分简单，中午常常就是一份西红柿鸡蛋煮粉，这是他的家乡梅州寻常百姓家的早餐。"有时候来了客人，才加了排骨汤、炒蘑菇、萝卜丸等菜。"

回报桑梓

从20世纪70年代末开始，捐资支持国家教育、航天、体育、科技、医疗与社会公益事业，历年捐资逾1400项次，累计金额超过12亿港元。他多次以捐赠的方式，助力家乡梅州的经济建设，先后捐建梅州市曾宪梓中学、梅县宪梓中学和丽群小学，还曾捐资为嘉应学院建造教学大楼，为东山中学建造教学大楼……对家乡梅州的捐款达2亿元。

子曰："士不可以不弘毅，任重而道远。仁以为己任，不亦重乎？死而后已，不亦远乎？"大音无声，大象无形，大爱无言。曾宪梓先生用自己的一生生动地诠释了爱国爱民的情怀。

金石为开

起初，曾宪梓先生只是做低档领带，每天马不停蹄生产的同时，还要走街串户兜售，经常因带着客家乡音的广东话而被嘲笑。有的店主甚至以"你话都说不清楚，还想卖领带"为由将他赶出店门。但他不气馁，仍谦虚地到抽纱店推销产品，连续四五天后，他的真诚感动了店主。店主收购了他的领带，并逐渐和他成为好朋友。

他说："做生意最重要的是要学会真诚待人。生意做得好不好，并不完全是资金问题，而是一个人的人品，做人的方式方法的问题。"

勇俭爱诚东山人，而您，把这几个字做到了极致。

今虽与君别，却处处是君音容笑貌。

母校东中建筑里有您身影，宪梓大礼堂、宪梓教学楼、宪梓运动场……

大学校园里有您恩泽，中山大学、北京师范大学、南京大学、清华大学、上海交通大学、西安交通大学、湖南大学、浙江大学、河南大学、华侨大学、厦门大学、北京航空航天大学、宁夏大学……均可见您捐赠的大楼。

仰望星空，有您姓名，第3388号小行星以您的姓名命名——曾宪梓星。

秋意渐浓，秋风带凉，忆起你时亦温暖……怎能忘，怎能忘您！

曾宪梓先生这份勇往直前铸就"领带王国"的辉煌，曾宪梓先生这份克勤克俭、严于律己的精神，曾宪梓先生这份对祖国和家乡的大爱，曾宪梓先生这份精诚所至、金石为开的执着……这些，无不令我们动容。为祖国和家乡人民能过上美好生活，走上了一条长又远的道路，即使前方荆棘险阻，您都义无反顾。您的不懈努力，是我们学习的榜样，您的家国情怀，感召着我们前进。

曾老先生之风，山高水长……

（选自2019年12月《东中校刊》复刊第三十九期）

曾宪梓先生的报国情怀

——回忆25年前与曾宪梓先生共进早餐

辛 勇

我认识曾宪梓先生是在东山中学读高中时期。1955年我考入东山中学高中部，曾先生正读高中三年级。他面孔较黑，有点像泰国人，喜欢打篮球，是体育部部长兼篮球队队长。

第一次走近曾先生，是25年前在广州中国大酒店，他请我吃早餐，他谈的人生哲理，特别是他的报国情怀，给我留下深刻印象。

20世纪六七十年代，我在上海从事集成电路科研。1975年底，为解决夫妻两地分居而调回兴宁县无线电厂，试制集成电路数字巡检机。80年代初，我被调入县经委技术科工作。

1984年3月下旬，广东省外经委在广州召开"广东省投资促进会"（省外经委主任叶澄海主持）。梅县地区代表团由外经委主任廖政任团长，兴宁县参加会议的有余枢华（县经委主任）、辛勇（县经委工程师）等5人。梅县地区提出梅县印刷厂胶印技术改造和兴宁染织二厂处理工艺改造。

3月26日晚上，我吃完饭回到招待所房间，廖政主任高兴地对我说："辛勇同志，曾宪梓先生请你明天早上8点钟到中国大酒店一起吃早餐。"曾先生的邀请，出乎我的意料，既高兴，又紧张。我急忙问："廖主任，您去不去？还有谁去？"廖主任笑答："曾宪梓先生就通知你一个人去。"听到曾先生单独接见，我受宠若惊！一会儿，余枢华主任来了。我把情况对他说了一遍，他也很高兴。他说："曾宪梓先生可能知道你是东中校友，在上海研制集成电路，回到兴宁搞集成电路巡检机，现在华南师院电子所要调你去……"我说："这有可能。但是，曾先生是工商的，是不是想了解兴宁的工业和市场？"整个晚上我们谈得很多。最后，我请求余主任明天早上跟我一起去，他愉快地答应了。为此，余主任还认真做了准备。

第二天，我和余主任起得较早。我们住的招待所离中国大酒店不远，洗漱、整装之后，一起慢慢步行过去。我们遵照曾先生约定的时间按门铃。先生亲自开门，微笑着引领我们进入会客室。我主动自我介绍，并介绍兴宁县经委主任余枢华同志。余主任微笑着跟曾先生握手。先生一边热情地说"欢迎，欢迎"一边招呼我们坐下，给我们每人一张对折的名片（至今仍保存着）。问我东中哪一届毕业，哪个大学读书，在哪里工作，我一一作答。接着，余主任把我赞扬了一通。曾先生笑道："是呀，东中毕业的学生是不错的。"我说："余主任，您在宪梓先生面前说这些，我都脸红了，我算什么！我的学长宪梓先生才是真正有本事的人，对社会有贡献的贤人哪！宪梓先生在香港发财后，为母校捐建一栋教学大楼，现在又捐建图书馆呢！宪梓先生又是香港中华总商会永远名誉会长啊！"

曾先生谦逊地笑道："母校培养了我，我对母校的回报是应该的。捐建一两栋大楼，是给母校的微薄礼物。"他接着简要讲了自己的经历。他说："我是领国家助学金从中学读到大学毕业的。没有中国共产党，就没有我的今天。祖国把我这个穷孩子培养成大学毕业生，我永远铭记在心里。……我毕业后最先去了泰国，后来才到香港。出国时我流了泪，我发誓要艰苦创业，赚了钱一定要报效祖国！"正说着，曾先生的儿子从房间出来，一边走一边穿衣服，并向我们问好。曾先生介绍说："这是我的儿子智雄。"智雄很年轻，看上去不过二十岁。他微笑着从衣袋里掏出名片礼貌地双手递给我们说："请多多指教。"名片很简单，是直排的，右上角为"智农贸易公司"，中间为"曾智雄"三个大号黑体字，没有职衔，左下角是地址电话（这张名片我现仍保存着）。

曾先生见我们在看名片，解释道："我们帮助智雄创建了一个公司，让他去经营。父母就这么帮一下，也是应尽的责任。"他停了一下接着说："钱财呀，生带不来死带不去。我的钱要全部回报社会，不留给儿子。后代要靠自己创业。人哪，穷不过三代，富不过二代。为什么？穷了，后代能立志创业，由穷变富；富了，后代不思进取，坐吃山空，由富变穷。所以，钱财不能留给后代，要让后代自己去创造，才能永远立于不败之地，否则贻误后代啊！"曾先生看看表，站起来笑道："时间不早了，我们一起去餐厅吃早餐。"

在中国大酒店的一个单间里，曾先生一家人陪我们共进早餐。这不是一般的早餐。穿着讲究的服务员逐个问客人，要哪种酒、哪种饮料。曾先生对我们说："你们喜欢吃什么，各人可以随便点。"单间很安静，交谈自如。余主任抓住机遇，一边吃一边介绍了兴宁县的工业，并谈了兴宁县第二染织厂处理工艺技术改造项目设想。曾先生问了兴宁纺织业情况，并谈了金利来领带的质量。他用手抓了一下领带说："高质量的领带，用力抓后没有皱纹，仍然很挺。"接着说："产品第一要保证质量，同时又要降低成本。做人要诚信，做事要勤俭。客户信得过，生意才能持久，工厂才能赚钱。"曾先生还特别说了客家人的勤俭美德。他说："搞工业是辛苦的，赚钱也不容易。但是，花钱是轻而易举的。工厂也好，家庭也好，都要勤俭。"曾先生的话说到我们心坎上了。余主任频频点头，不时插话，有时掏出笔记本记。

早餐后，我们向曾先生一家告别，感谢先生的接见和招待。他推心置腹的话语，使我们获益匪浅。我们热情邀请曾先生来兴宁参观指导。

从1984年第一次走近曾先生至今，已过去25年了。曾先生一直在实践着"勤俭诚信"的人生信条和"产业报国"的爱国情怀。1979年他第一个为母校东山中学捐资建成一栋教学大楼，1984年又捐资建成图书馆，1993年建成大礼堂，2005年建成占地30多亩的运动场，包括400米8跑道标准田径场、10个篮球场、4个排球场，还有跳高、跳远、铅球等场地。在他的带动下，东中其他校友也纷纷为母校捐建教学和生活设施，为做大做强东山中学奠定了基础。曾先生还为梅州新建和改建了学校、文化体育设施、桥梁、道路等。他还积极支持国家教育、体育和航天等各项事业。据报道，曾先生热心捐资国内公益事业累计超过8亿元，其中捐资梅州公益事业1亿多元！

曾先生是东中的好校友、梅州的好乡贤，是产业报国的楷模！值得我们永远学习！

建设梅州　造福桑梓

——校友曾宪梓先生事迹简介

彭钦文

　　曾宪梓先生于1934年，出生在梅县扶大镇珊全村，现任广东省政协常委、香港中华总商会副会长、香港嘉应商会永远荣誉会长、香港金利来（远东）有限公司董事长、东山中学香港校友会副会长。新中国成立前，家境贫苦，四岁丧父，靠母亲肩挑度日。新中国建立以后，靠国家的助学金，就读于水白中学、东山中学和中山大学。1963年，他正在广东省农科院从事科研工作，因父亲在泰国去世时，遗有一些产业，故得获准出国。旅居泰国期间，得其叔父的协助，开始制销领带。1968年，由于形势发展需要移居香港。叔父给了他一万港元，作为安家资金。他用这笔为数区区的钱租了三个房间，除去三个小孩和夫妻住房，只挤出一间做工场。夫妻俩每天起早摸黑，自裁自制。还要到街头去摆挡销售。据他忆述，当年事业刚开始时，他跟太太说："总有一天，我要做到即使只把电话放在床头，不出外兜售，也会有生意做。"足见他当初之自信和对事业的雄心壮志。为了要跟外国的名牌领带竞争，建立华人领带王国，他认为所面对的主要困难是消费者根深蒂固的崇外思想，同时他也深懂"钱多识货"的顾客心理。故此，他的金利来领带所采用的原料、图案设计均来自意、法、德，务求产品素质和花色品种尽善尽美。他的成功秘诀是"要多做、多看、多想"。仅仅几年时间，金利来领带和钱包、皮带、T恤衫等系列产品就远销世界五大洲几十个国家和地区，并直接到新加坡设厂生产，从而名扬东南亚，声誉大增。1985年，他当选为亚洲领带协会主席，被誉为亚洲"领带大王"。

曾宪梓先生饱尝过艰苦，也懂得人生的意义，他曾这样表示："作为一个中国人，我期望把先进的领带工业技术引进祖国，以使它能达到世界水平。梅县又是一个贫困山区，工业亟待发展，我是梅县人，更不能视若无睹，置之不理。"其深厚的乡土情怀，溢于言表。

言必信，行必果。曾宪梓致力为桑梓的工业发展献出力量，他不知疲劳地往返于梅县、香港之间，为筹建中国梅花领带厂的建厂房、引进机械、培训技术人员等事宜，殚精竭虑。1986年春全国第一家中外合资的领带厂正式投产，所产三百万条精致高雅的银利来领带不断输向国内外市场。

曾宪梓先生从出国的第一天就暗自许诺："不要忘记祖国，自己是由家乡的乳汁哺育成长的。有朝一日，应该尽力报效。"他在中国梅花领带有限公司正式投产的大会上又豪爽地表示："我的生意是为家乡而做的，赚了钱就拿回来建设家乡。"近十年来，他以实际行动，兑现了自己的诺言。他捐资家乡发展经济，支持文化、体育、卫生等公共福利事业，不遗余力。他决定将业已投产的中国梅花领带有限公司，办成全国最大的领带企业，所盈利润，全归桑梓。

曾宪梓先生为家乡捐献项目已逾千万元；其荦荦大者：一是兴学育才。曾宪梓先生是嘉应大学创始人之一。他首先捐资人民币二百五十万元兴建建筑面积一万平方米的宪梓教学大楼，其夫人黄丽群女士又捐资人民币一百二十万元兴建嘉大图书馆，并在东山中学、梅州中学、乐育中学、华侨中学、水白中学、学艺中学、山前小学、所里小学等学校兴建教学大楼、图书馆。为了办好嘉应大学还决定从1986年开始，由他每年资助两名优秀教师或优秀毕业生出国留学，学成后回嘉应大学任教。最近他又捐资港币一百万元作为嘉应大学办学基金，为广东省教育基金会捐赠一百万港元，为梅州市教育基金会捐赠人民币二十万元。此外每年还为嘉大、东中、学艺等校设置奖教奖学金。

二是促进梅县足球运动的发展。1984年起连续三年，曾宪梓先生独资在梅县、兴宁、五华举行"宪梓杯"足球邀请赛。他与孙城曾、余连庆、刘锦庆、罗焕昌、刘宇新、温仁才等数十位侨胞和港澳同胞共捐资四百三十万港元兴建梅县体育馆、强民体育会大楼及溜冰场和梅县、兴宁、五华三县的三个大型足球场看台。这三个足球场标准较高，是1987年第六届全运会足球预赛区的赛场。他促成国家足球队、香港愉园足球队、东升足球队来梅访问比赛；他还邀请了大连珍珠队、辽宁派丽队、沈阳部队队、天津东亚队、八一队、北京队、广州白云队等七支甲级足球队来梅参与"宪梓杯"足球邀请赛，与梅县联队交流球技。同时他还资助梅县地区足球队前往香港参加"金牛杯"比赛，资助梅县少年足球队参加亚太地区城市小型足球赛。1983年，梅县地区三支少年足球队同时进京参加"萌芽杯""幼苗杯""希望杯"决赛。亚洲足协副主席、香港足球协会主席霍英东先生应曾宪梓、刘锦庆的邀请前往北京观战。

三是关心支持慈善事业。1985年曾宪梓先生捐资人民币十二万元资助兴建畲江大桥，捐资兴建盲人按摩诊所，捐资人民币二十八万元兴建梅县人民医院"荣发纪念楼"及购买医疗设备，并资助兴建梅县侨联大厦等。

曾宪梓先生不但关心梅县故乡，他对中山大学、暨南大学及大埔县、平远县等的教育事业亦同样热情支持。他说："我是梅县人，是兴宁人，也是大埔人……总之，我是中国人，我要为祖国的强盛，家乡的富裕，竭尽绵力。"事实证明，曾宪梓先生急公好义，言行一致的高风美德，众口皆碑，为推动我县两个文明建设做出了卓越的贡献。

1989年6月25日

（选自1989年12月《东中校刊》复刊第七期）

孝顺妈妈

管火荣　李兴荣

宪梓4岁时父亲就去世了，千斤重担全压在母亲蓝优妹身上，农田家务样样操劳。宪梓看到羸弱不堪的母亲急需补充营养，便找来缝衣针在火上烧红弯成鱼钩，穿上搓好的线绳，钩上蚯蚓去钓黄鳝。家里水缸从两三条到五六条直至装上百条，宪梓还不满足，还不断去钓。他不吃黄鳝，但看到母亲吃得很开心，他就很高兴。

在东山中学读书时，得知母亲时热时冷，好像生病了，他就经常回去照料，端水做饭，读书的同时妥善安排好照顾母亲事宜。1957年考进中山大学生物系，读书期间常常挂念梅县的母亲，一边读书一边勤工俭学，通过刻钢板印资料等挣一点钱，5元10元寄回家孝顺母亲。有时候还把母亲接到广州，与在广州工作的妻子住在一起，真是"天之经也，地之义也，人之行也"。他常与同学说，善待长辈就是善待明天的自己，趁母亲健在要多尽孝心！

1959年冬，广州特别寒冷，他想母亲一人在家保暖有问题，便把勤工俭学挣来的钱，给母亲买了毛线衣寄回去，但找来找去找不到合适的布袋，正好那年管火荣的泰国亲人给他寄包裹的袋子还在，宪梓见状甚为高兴，说："阿管，布袋借给我寄毛衣给老妈。"老管说："可以，但上面有字，有通讯地址，不雅观。"宪梓说："不要紧，我会洗干净翻过来再用。"老管说："你拿去用吧。"没想到宪梓暑假后又把袋子洗好还给了老管。老管说:"宪梓真是个大孝子。"宪梓说,客家人世代相传的道德规范中最核心的就是"忠孝"二字,也就是要求对国家要忠诚、对族人要孝悌、对父母要孝顺,"人生百行孝悌为先"。每当回到梅县老家时,老管看到宪梓给他母亲寄毛衣的那条布袋,就会想起宪梓是孝行典范,鼓励我们要珍惜中华民族的优良传统,让尊老敬老代代相传,"孝行天下"发扬光大。

当前,人们往往以为只要在物质上满足老人就是尽孝了。其实不然,宪梓认为在某种意义上精神需要远远高于物质。宪梓担心母亲孤独寂寞,参加工作和出港后,凡事让母亲"事顺""心顺",他说这是延年益寿不可缺少的一剂良药。后来母亲年迈了,宪梓更是顺着老母亲,老人家想到广州住,宪梓就安排她在广州住;想去大哥那里就送她去泰国;想到香港就接她到香港住;住腻了想回梅县就送她回梅县。把老母亲侍奉得妥妥帖帖,让老人家精神上得到莫大的欣慰。

20世纪90年代,宪梓为弘扬"孝行天下",把老家上堂左右两边的对联"念先人修身齐家不外十章大学;期后裔继志述事毋望一部孝经"抄录下来,让子孙认真牢记。为报答母亲和家乡父老,宪梓在1994年春节期间还安排了客家风情浓郁的文艺节目,让老母亲在子孙陪同下兴致勃勃地观看精彩演出……

天有不测风云,人有旦夕祸福。1994年2月,宪梓的慈母蓝优妹突患脑中风,经抢救无效,在梅县猝然去世,享年92岁。母亲的离去,让宪梓悲痛万分。

如今宪梓也步入古稀之年,从侍奉和孝顺母亲中,他揣摩什么是中国传统意义上真正的"孝",总觉得孝的内涵丰富。他说,对母亲的意愿要千方百计顺从,母亲的前半生都倾注在子女身上,她是世上最伟大的人,她从来不向子女索求,她只有付出。高寿之人最害怕的就是晚辈们的违拗,"孝顺"主要是从"顺"中体现"孝",可以说这就是宪梓孝顺慈母的真知灼见。

2008年9月,宪梓特从香港回梅县老家扫墓。这天,天气酷热,宪梓在亲友搀扶下从轮椅上下来,艰难地走了100多米斜坡登上母亲墓堂,上香行礼,虽一身汗水,心情格外愉快。在旁的乡亲都从中受到了"百善孝为先"的道德教育。

艰难困苦　玉汝于成

——记全国人大常委会委员、金利来董事局主席曾宪梓先生

曾宪梓，1934年出生于梅县，幼年丧父，与勤劳善良、吃苦耐劳的母亲相依为命，靠新中国的助学金，1961年以优异成绩毕业于中山大学生物系，1963年，前往泰国定居，1968年，移居香港。他与夫人黄丽群女士一起，靠一把剪刀，艰苦创业，创立了享誉世界的"金利来"品牌，享有"领带大王"之美誉。

作为一个中国人，曾宪梓有一颗可贵的中国心。早在1992年，曾宪梓就捐资1亿港元设立了"曾宪梓教育基金会"；2003年又捐资1亿港元设立"曾宪梓航天科技发展基金"。改革开放以来，曾宪梓先生捐助祖国、家乡的航天、教育、文化、体育、卫生等公益事业，捐款高达6.3亿元。

鉴于曾宪梓先生对社会所做的卓著贡献，经国际小行星命名协会审议，1994年，紫金山天文台将发现的3388号小行星命名为曾宪梓星。

一把剪刀　白手起家

曾宪梓，1934年2月2日出生于梅县扶大镇珊全村，父亲曾荣发因劳累致病35岁即逝，母亲蓝优妹是个样样农活皆能的客家妇女。曾宪梓4岁丧父，靠母亲干农活养活兄弟俩，孤儿寡母度过了十分艰难的岁月。12岁他辍学去当农民，贫

苦的生活磨炼出他不畏艰苦勤劳俭朴奋发图强的意志。孩提时代的艰辛是曾宪梓成功的奠基石，曾宪梓后来常常回味无穷地说："别看那时候的生活艰苦，但挺有意思，培养自己的劳动习惯，培养自己的创造性，培养自己对苦日子的承受能力，我觉得是一件好事情。"那时他爱干什么爱玩什么而又没有钱买，就自己想办法找窍门实现它，他的心思灵巧，看了想了之后自己便能做出来。新中国成立后他才有机会继续上学读书。通过勤学苦读，他以优异的成绩于1957年考上了广州中山大学，成了山村屈指可数的大学生之一。1961年又以优异的成绩毕业于中大生物系。

1963年5月，为解决父亲的遗产纠葛，曾宪梓辞去了广东省农科院的工作，跨过罗湖桥开启了去泰国的旅程。曾宪梓的叔父压根儿想不到，这位为继承父亲遗产而来的侄子说出了一段掷地有声的话："您和我父亲共同创造了家业，您是他的兄弟，完全有权支配财产，我是下辈人，不能坐享其成，我愿意像父亲那样，通过自己的双手创造一切。"曾宪梓卖掉了随身带去的一部相机，租了间小房安顿好妻儿后就开了一个家庭作坊，向叔父学习领带制作技术，用叔父给的一捆绒布做了60打领带。当他把第一批亲自制作的领带交给叔父时，叔父给了他10000元，可他执意只收900元，余下的9100元还给了叔父。此后他利用为叔父推销领带的机会，来回于香港、泰国之间。他了解到香港是一个领带的大市场，当时世界各国名牌领带充斥香港街市，但香港本地所产的却质地太差，他决心去那儿创一个自己的名牌。他知道要去香港站稳脚跟绝非易事，但决心已下的他，九牛也拖不回。他带上全家五口毅然来到香港。创业艰难磨难多，曾宪梓在九龙平民区租了一间廉价房屋，既当住房又当作坊。他用叔父给他的6000港元上街买回一把尺子、一把剪刀和一架"蝴蝶牌"缝纫机，自己动手制作领带。他给自己规定一天必须制作5打领带，然后背上领带搭乘大巴士沿街叫卖。只有把5打领带卖出去他才能得到50元港币，勉强支付一家人一天的生活费。曾宪梓每天起早摸黑，有时天已很晚了他还在向行人兜售，晚上还得熬夜与妻子黄丽群一起加班制作领带至凌晨3时。他深信只要刻苦努力奋斗目标就一定能达到。那时候为了生活，曾宪梓不得不忍受各种各样的冷嘲热讽，忍受那些有钱有势的人瞧不起他的种种举动。在那时候，他唯一能做的就是视而不见充耳不闻。他拼命告诫自己："这就是生活对你曾宪梓的挑战，你如果连这种苦都吃不了，那还奢谈什么理想抱负！"那时候他推销领带常遭到人家的呵斥，而他却在第二天登门请罪求教。有两位曾经骂过曾宪梓的老板，后来都成为曾宪梓长期固定的客户和格外尊敬他的好朋友。他们由衷地欣赏曾宪梓拥有如此宏大的气量，认为曾宪梓这样做下去将来肯定能够获得巨大成功。他们不止一次对曾宪梓说："我们都看好你，你将来肯定会成功的。"曾宪梓至今仍说："做买卖其实最为重要的就是做人，只要你诚实谦虚地对待别人，别人就不会讨厌你。你不要为了钱去欺骗人，要真心地对待每一个可能成为你的客户的人，坚持一直这样做下去，你肯定会取得好成绩。"

打造世界名牌"金利来"

创造名牌，是曾宪梓立下的雄心壮志，他一步步扎扎实实往前走，经过几年实践，积累了许多制作领带的经验。但他并不满足，他花大价钱从商店里买回各种外国名牌领带，一一拆开，琢磨用料、裁剪造型、花色等等，他还做了大量市场调查，了解领带的品种、款式、花色的新趋势，研究不同年龄男士所戴领带的不同风格，从而使他制作的领带赶上新潮流。有一次，他把自己精心制作的一批高级领带和那些高价购进的外国名牌领带一起交给一位专门经营领带的老板，请他不看牌子分辨哪些是名牌产品哪些是他制作的，而具有经验的老板竟分辨不出。这位老板信服这一批高质量的领带，当即表示愿意以较高的售价销售。曾宪梓把自己精心制作的领带定名为"金狮牌"。尽管曾宪梓做了种种努力，但品牌并没有马上创出来。他的领带销路还是不见好，百货商店的老板向他反映说：有的顾客在挑选领带时，看到了金狮的牌子就放下了。这使曾宪梓深为纳闷。过年时曾宪梓送了几条领带给一位亲戚作礼品，不料亲戚见到"金狮牌"领带满脸不高兴，他说："我才不用你的领带呢，金狮、金狮什么都'输'掉了。"曾宪梓恍然大悟，原来香港话"狮"与"输"读音相似，香港人最忌讳这个"输"字。是夜曾宪梓辗转反侧难以入睡。怎么早没想到这一点呢！于是他下决心改一个吉利的牌子，琢磨了一夜终于想出一个好名字，将"金狮"以英文"GOLD LION"意译与音译结合，GOLD意译为"金"，LION谐音读为"利来"，天下人谁不希望"金利来"呢？

"金利来"确实是一个响亮的名称，但有了响亮而吉利的好牌子之后还需要广而告之，否则知名度还是提不高。曾宪梓又琢磨开了。1971年，适逢取得世界冠军的中国乒乓球队访问香港。曾宪梓在朋友的帮助下，以超人的气魄购买了电视台转播乒乓球表演赛的赞助权，在比赛中插播金利来领带广告。在当时，3万港元的广告费足以购买一套600英尺的房子，这对于小本经营的曾宪梓来说必须有非凡的胆识。中国乒乓球队在香港的表演赛受到了香港同胞的热烈欢迎，电视收视率空前高涨，从而使穿插其间的"金利来"广告产生了轰动效应。表演赛结束后，"金利来领带，男人的世界"广告词家喻户晓，金利来领带"忽如一夜春风来，千树万树梨花开"，订单雪片似的飞来，家中电话响个不停，"金利来"大大出名了。他终于实现了当年和太太打赌的话："总有一天，我坐在电话机旁也可以做生意！"他很快还清了广告费，拥有了厂房、住房、汽车、工人，等等。随后，他又在香港小姐选举、尼克松访华等专题节目中做电视广告。从此，"金利来"声名鹊起，产量成倍成倍往上翻，在香港街头随处可见胸前飘着款式新颖的金利来领带的男士。1971年，金利来远东有限公司成立。电视广告给金利来插上了成功的翅膀。当曾宪梓决心让"金利来"打进内地市场时，他又驾轻就熟地做起了广告，30多家电视台不停地轮番播放金利来广告，全国有影响的几家报纸也刊登了金利来广告。很快，在内地，"金利来，男人的世界"就成为人们的口头禅了。他还在新加坡、马来西亚、印度尼西亚、泰国和中国台湾大做广告，每年的广告费用达千万元之多，随着广告声势的扩大，"金利来"的名声也越来越大。一个名牌，一个中国人在香港创造的名牌终于打响了！不仅在香港、在中国内地，而且在东南亚乃至整个亚洲，甚至在世界的许多国度里都打响了。曾宪梓离开内地不到10年，就以他顽强的毅力和不屈不挠的拼搏精神，在号称冒险家乐园的香港站稳脚跟，成了中外闻名的"领带大王",成了香港的著名企业家。

与祖国血脉相连

1982年,曾宪梓又把目光投向大洋彼岸的美国,他决心到西半球去占领领带市场,而此时中国庄严宣布将于1997年收回香港主权。这个声明代表了中华民族的根本利益,获得了全国人民、香港同胞和海外广大华人的热烈拥护,但也有一些不明真相或心怀顾虑的华人把在香港的资金抽往海外,使香港经济在一段时间内出现了混乱。于是,曾宪梓毅然放弃去美国办厂的打算而把资金转向国内,此举充分体现他热爱祖国的民族气节。他决定回故乡合资办厂,为中国再创一个领带名牌"银利来"。1986年,"银利来"厂在梅县建成了。曾宪梓亲临剪彩并当场宣布:"我本人办这家厂是不牟利的,我应得的百分之五十的利润,全部用于国内的公益事业,用于支付嘉应大学的经费,用于支持足球事业,用于家乡的建设!"曾宪梓一次次穿梭于香港和梅县之间。他深入车间亲自参与设计,使"银利来"刚上市就赢得消费者的青睐,他为"银利来"的崛起而兴奋。当"银利来"一度经营不善时他夜不能寐,在百忙中他干脆承包了银利来,亲自物色经理,巨额的资金、先进的管理,使这家合资企业的生意愈做愈红火,年产值从1900多万元猛增到2亿余元,利润也从100多万元增长到2000余万元。他坚守诺言不取分文,盈利全部花在祖国的建设事业上,得到家乡人民热情赞颂。曾宪梓的名片上头衔不断加多:全国人大常务委员、广东省政协常委、全国工商联常委、广东外商公会会长、嘉应大学名誉校长、中国足协顾问、香港中华总商会会长、香港嘉应商会永远荣誉会长、中华人民共和国香港基本法咨询委员会委员、香港事务顾问（曾任香港特别行政区筹委会委员）等等。头衔的增加是与责任的增加、义务的增加成正比的，他更忙了。每次到内地忙完一天的复杂事务后，他总是不停地敲着脑袋说："太累了！太累了！"一边喊累一边仍不停地忙碌。在崇尚拜金主义、享乐主义的今天，曾宪梓这股炽热真诚的爱国爱乡之情，这种令人深思、感人肺腑的高风亮节，为所有与祖国血脉相连的中国人树立了一座崇高的爱国主义丰碑。

滴水之恩涌泉报

古人云：滴水之恩当涌泉相报。曾宪梓强烈地思念养育他的祖国，思念他那贫瘠的客家山乡。他思忖，现在事业有了成就，应该饮水思源努力帮助家乡建设。他深知改变家乡面貌首先应从教育开始。于是他与夫人向家乡捐赠了一笔又一笔的款子，一幢幢崭新的教学大楼、一座座漂亮的立交桥、一座座恢宏的体育馆拔地而起。仅教育方面，嘉应大学、中山大学、东山中学、梅州中学、乐育中学、华侨中学、珊全学校等，都留下了这对夫妇的赤诚心意。略举几笔较大的捐赠：嘉应大学曾宪梓教学大楼、体育馆等1200多万元人民币，梅州曾宪梓中学1700多万元人民币，中山大学中山楼、曾宪梓堂等3100多万元人民币，暨南大学曾宪梓科学馆等1100多万元人民币。20多年来他捐赠给各项公益事业6.3亿元，还不包括他太太和孩子们的捐款。后来曾宪梓又捐款一亿港元，与教育部合作成立曾宪梓教育基金会，用于奖励内地有贡献的优秀教师。每一笔捐赠都凝聚着曾宪梓炽热的拳拳报国之心、殷殷桑梓之情。

　　1994年2月2日，为表彰曾宪梓对国家和人民做出的重大贡献以及高尚情操和奉献精神，中国科学院紫金天文台决定将发现的"3388号"小行星向国际小行星中心和国际小行星命名委员会申报，经审议通过命名为"曾宪梓星"。美丽的仲夏之夜，满天闪烁着灿烂的繁星，令人神往。在这壮丽的星空中，有一颗烁烁闪光的小行星，那就是曾宪梓星。世界上小行星的命名多以科学家及城市地名为之，以爱国实业家命名的小行星实为凤毛麟角。而香港客籍实业家曾宪梓先生和田家炳先生获此殊荣，这不仅是他们本人的荣誉，也是全世界客家人的光荣。

（原载2007年3月21日《梅州日报》）

（选自2007年10月《东中校刊》复刊第二十七期）

曾宪梓重游母校东山中学留心声

——贫穷并不可怕，可怕的是没志气

张远明 钟小丰

2005年11月8日上午，全国人大常委会委员、香港中华总商会永远荣誉会长、金利来集团有限公司董事局主席曾宪梓博士回到母校梅县东山中学，参加他捐资兴建的"曾宪梓运动场"竣工剪彩仪式。

70高龄的曾博士精神状态良好，他的讲话引起全场热烈的掌声。竣工剪彩仪式结束后他在东山书院接受了记者的采访。

记：曾博士，您好，今天回到母校是什么样的心情？

曾：我是一个贫苦人家出身的孩子，过去家里很穷，在东中读书靠的是助学金，不用自己掏钱上学，东中培养教育了我。1961年我离开祖国家乡，先后到泰国和香港"流浪"，1968年定居香港。家乡和母校培养教育了我，我却过早地离开她，心里觉得很愧疚。所以我在外面立志要发愤努力，创造财富，报效母校，报效祖国家乡。1978年我在香港的发展取得了一定的成就，回到家乡后首先是到母校看看。

记：据我所知，您在家乡的第一个捐资项目就是在东中，您为此还受到过叶帅的接见，请您谈谈当时的情况好吗？

曾：当时我看到母校的条件还比较差，到处破破烂烂，所以就捐资建了一栋教学楼。叶帅知道这件事后在广州的南湖宾馆会见了我，叶帅非常关爱我，请我吃饭，作陪的还有当时的省委领导。叶帅赞扬我带了个好头，并指示我要带动和鼓励其他侨胞一起支持祖国和家乡建设。我在叶帅面前表态说，今后我会尽我所能，年年带头出钱出力，不但在家乡，在全国各地都一样。我把自己对叶帅讲过的话永远记在心里。现在家乡和全国范围内有许多我的捐资项目和基金会，目的都只有一个，就是终生报效祖国。过去我说过，只要金利来不倒、曾宪梓不死，我就不停止对祖国和家乡的回报。现在我年事已高，身体不好，把企业交给第三个儿子接管。我不但要把自己的事业传给后代，还要把回报祖国和家乡的心愿传给后代。将来有一天我死了，我的后人也会像我一样地做。

记：东山教育基地是"文化梅州"建设的重点工程，现在又得到您的鼎力资助，与您20多年前的第一次捐资相比，此次有何新感受？

曾：没什么新的感受，只要母校和家乡有这个需要，我口袋里又还拿得出来，我就会这样做。东山中学是百年老校，长期没有一个像样的运动场，原有的就是大家所知道的马蹄形运动场，后来在山背还建了一个，也是不符合标准的。我跟市里的领导刘日知书记他们一起来看过之后，都觉得东中的学生在逐年增多，新校区建成后还会继续增多，是该有个像样一点的运动场，所以我就捐资搞了这个项目。

记：梅州教育曾多次得到您的大力资助，请问您对"文化梅州"发展战略特别是梅州的教育事业有怎样的期望？

曾：东中是叶剑英元帅创办的，一贯都很有名气，培养了很多人才。现在市里面实施"文化梅州"发展战略，把东中做强做大，大力发展梅州的教育事业，这是非常对头和有意义的好事。做强做大是一件好事，不过我在这里有一个希望，就是要十分注重教育办学的质量。教育界的老师和同学们不但要重视科学文化知识，还要重视德智体美劳全面发展，学校的老师不单要教书还要育人，教学生学会做一个对国家、对家乡、对家庭、对自己有用的人。

记：您说过自己是贫苦出身的孩子，目前校园中还有很多学生也是像您以前一样的贫苦孩子，您觉得贫苦孩子应该怎样立志做人？

曾：贫穷并不可怕，可怕的是贫穷而没有志气。如果贫穷而没有志气，那是真的什么都没有了。我生于贫穷的旧社会，经常受人欺负，但我并不气馁，我把压力转化为动力，从小就立志要做出一个人样给人家看看。我不怕吃苦，我很早就学会了劳动，家里的活样样我都会干，这对我以后的人生历程是有很大影响的。我到香港后的一段时间也还是贫穷被人看不起的，有人说我不会赚钱，是"大番薯"。大番薯就大番薯吧，我自己没有看不起自己，我不自卑，我拼命努力，我改变了自己。我总结的人生信条是：勤俭+诚信+智慧=财富。我把这个当作自己的座右铭，我认为只要能坚持这一条，做工也可以赚钱，可以做老板；可以从小老板变成大老板。

（选自2005年11月10日《梅州日报》）

富豪的平民式生活

李 俞

水一般流逝的是无情的岁月，云一般幻化的是少年的心。伴着番薯和野菜煮就的日子，那个用脏兮兮的小手拉扯母亲衣襟的男孩，渐渐长大了，他就是著名香港爱国人士曾宪梓。以前的穷小子，现在已是坐拥数十亿家财的富豪了。即使是这样，这个当年的穷小子也没有忘本。他说："我不稀罕山珍海味，鱼翅鲍鱼，我坚持粗茶淡饭，甜酸苦辣照吃。"他这样说，生活中也是这样做的。

曾宪梓住的是一座旧式二层别墅，占地面积约有600平方米。房间设备及床上用品陈旧、普通，但干净。按他自己的话说："我除了住的房子大一点，汽车多几辆，工人多几个以外，其他和普通城市老百姓生活没有大的差异。"

曾宪梓日常生活很有规律。早上7时左右起床，8时早餐。早餐是牛油花生酱、面包、鸡蛋、饮料，或者是包子、肠粉，外加一盘青菜。9时他到游泳池游泳。11时到公司打理事务，12时回家吃中午饭。午饭一般有四菜一汤，有荤有素。饭后休息1个小时，下午2时至5时去透析治疗。6时晚餐，菜色仍是四菜一汤。饭后他要么聊天，要么看电视，10时就寝。

我们发现曾宪梓在吃饭问题上有两个特点，一是不论在家吃饭还是外出就餐一律使用公筷。这样做是为了卫生，吃剩的饭菜可留着第二天再吃，一点也不会浪费。另一个是三餐都要有一碟青菜。他从不拣饮择食，甜酸苦辣照吃。对于吃，他有自己独到见解。他说如果每天吃山珍海味，鱼翅鲍鱼，或者人参鹿茸冬虫草，就可以健身长寿的话，为何历代皇帝和那些达官贵人的寿命不见得比常人长？他从不迷信这些东西。

除了吃住节俭外，他穿戴也很朴素。除了出镜、应酬、开会、外出要西装领带，他在家里都是穿宽松棉质T恤、拖鞋或布鞋，旧了照用，不轻易丢弃。有一次要去海洋公园郊游，他的T恤胸前有一个小洞，工人建议他另换一件，他不同意，叫工人用针线缝补后仍然穿上。他的皮鞋、皮带五六年不换，手表20年都戴着，从来不去夜总会、歌舞厅消费，也反对抽烟和过量饮酒。

有人对他如同苦行僧般的生活百思不得其解，都说他升官发财，名利双收，功成名就，应该高收入、高消费，追求快乐人生，不然，要那么多钱干啥？对此，曾先生有自己独到的见解。他把他的薪资，除了自己的生活和医疗开支外，其余全部奉献给国家。他告诉我们一件事，他和教育部合创的教育基金会，每年奖励有突出表现的师生并补助经济困难的大学生。他说："我节省开支为的是帮助这些贫困学生。每帮一个，心里就感到无比快乐。"到目前为止，他已帮助了一万五千多名贫困大学生。他告诉我们，这是他追求的人生快乐。

这就是从泥土里走出来的平凡而又富有的曾宪梓的生活。他的生活是快乐的，也是充实的，因为他把助人为乐、为国奉献作为一生的追求！

细微之处见真情

——重读《曾宪梓传》有感

杨卓生

几天前，笔者从同学手里借来《曾宪梓传》重读了一遍。该书分序章、正文和后记共27万多字，作家夏萍生动记述了曾宪梓在艰苦环境中百折不挠地创办世界名牌金利来系列产品过程中，超前的商业头脑、顽强的奋斗精神和爱祖国爱人民的高风亮节，展现了曾宪梓从一个贫苦的孩子到富商大亨的惊人努力，其中童年的艰辛、少年的求知、青年的奋争、中年的执着及至成功后不断进取都感人至深，令人敬佩，下面谈点细微之处见真情的启示。

低头是一种智慧

1966年曾宪梓来到香港新界姑妈家，睡房住满姑妈一家人，厅堂是姑妈用于打麻将的地方。长得又高又大的曾宪梓没地方睡觉，只好在楼梯倾斜的地方弄张短小帆布床，把头放在床上，脚就到外边去了，等到脚好不容易放在床上，头又悬在空中碰到墙，因此必须经常注意低头，但活得愉快开心。宪梓常对朋友说：低头也有学问，也是一种智慧。的确，面对环境的压力，你必须承受，当承受不了时，需暂时弯曲一下。能屈能伸，刚柔相济，正是这种气度和风范，使曾宪梓在商海中经受住了战斗的洗礼。

传说，被称为美国之父的富兰克林，年轻时曾去拜访一位老前辈，那时他血气方刚，挺胸抬头迈着大步，一进门，头就狠狠地撞在门框上，出来迎接他的前辈看到他的狼狈相，笑笑说："这是你今天拜访我的最大收获，要想平安无事地活在世上，你必须时时记住低头。"从此富兰克林把"记住低头"，作为毕生为人处世的座右铭，最终功成名就。

实践证明：人一味"方正"不会"圆通"，该低头时不能委曲求全就不能进退自如，会陷入被动。为人处世过于"有棱有角"，直来直去不会变通，只会给自己带来伤害。

曾宪梓先生低头有智慧启示人们：

（一）低头不是妥协，而是战胜困难的一种理智的忍让。低头不是倒下而是更好坚定地站立。（二）该低头时就低头，调整一下目标，改变一下思路就能巧妙穿过人生荆棘。曾宪梓先生敢于低头，善于低头，勇于白手起家艰苦创业，经过三十多年拼搏，终于缔造出不同凡响的金利来王国，为中国人、香港人、客家人争了光荣！

成功离不开忍耐

20世纪70年代曾宪梓在香港兜售领带进了洋服店，老板像见到瘟神一样，毫不客气地大吼道："干什么？你进来干什么？出去！出去！出去！出去！"曾宪梓被洋服店老板恶狠狠地赶了出去。虽是炎炎烈日，但其内心却阴云密布，自己像要饭的乞丐一样遭人呵斥、被人驱赶，一种百感交集的酸楚涌上心头，他告诫自己，一定要忍耐，拼命干下去。第二天宪梓在洋服店隔壁茶餐厅买好咖啡，亲自送给老板，说："这是专门为你叫的咖啡，虽不值钱，但说明我真心实意向你道歉，现请你喝咖啡并请多谅解。"老板真心告诉他："为什么会骂你赶你，因为我这里有客人正在着急做生意，你不请自来打扰我就不好，以后要多多注意。"此后，洋服店老板真的成了宪梓的好朋友，帮他销售领带。这故事启示人们：（一）成功离不开忍耐。忍耐是一种精神、一种力量、一种品质，要能忍受呵斥、忍受贫困。人生难免要遇到挫折，谁也不可能一帆风顺，若忍受不了挫折、失败，就永远体会不到"艰难困苦，玉汝于成"的真谛。（二）顾客是上帝。顾客的权利得到保障也就是尊重了顾客的价值和尊严，从而赢得了信任。（三）态度要诚恳。真心换真意，才能化解矛盾。（四）忍耐使一个对自己产品失去信心的顾客变成了忠实于自己产品的顾客和永久性的顾客。可见忍耐的力量。

创业要学会拐弯

记得小时候学骑自行车，摔跤最多的要数拐弯的时候，因为拐弯时最容易倒下来，而一旦学会了拐弯，骑起自行车来就轻松灵活了。骑自行车需要学会拐弯，日常生活和社会生活中，同样需要学会拐弯，在这方面宪梓先生是我们的榜样。《曾宪梓传》中第四部分《家庭争产》提到，宪梓1964年经香港到泰国处理父亲的财产。到泰国后发现哥哥宪概和叔父之间为了财产，斗得十分激烈。叔父怕宪梓与哥哥联手争夺家产，假借饮茶为名将宪梓骗到其兄宪概的小店铺，当叔父遭三位叔公骂得狗血淋头之际，宪梓脑子突然来个转变，当场郑重宣布：我的父亲跟叔父是亲兄弟，上一代的事要与下一代分开对待；我的父亲一切财产与我无关，一切遗产与我无关，我一分钱都不要。你和我哥怎么斗不要把我拉进去，我们只有叔侄关系，没有斗争关系。我现在是没有钱但我会挣，共产党教育我们劳动创造一切，我也能创造财富。曾宪梓一番荡气回肠的话，使叔父叔母简直无法相信自己的耳朵，只喃喃地说："好侄子！好侄子，血浓于水。"

宪梓的急拐弯是清醒的舍弃，却换来了喜剧性、戏剧性的结局，换来了"共产党教育出来的就是不一样"的赞美！

拐弯是理智的选择，更是勇敢的创新，原来的道路走不通了，需要另辟蹊径；原来思路卡壳了，需要开启新智慧。在必要的舍弃中更新和发展自我，勇敢摒弃原来的看法，实现拐弯，达到人心和善、人间和美、人际和顺、家庭和睦、社会和谐。

做事要认真负责

人生三天（昨天、今天、明天），数十春秋，天命将归时，有人含笑，有人蹙眉，为何会有如此之大的差别？或许，只为一句"此生无憾"呀！

要达到无憾，我想起宪梓先生一句名言："我做事总是认真、负责，能做一百分，不做九十九分，要做一定会做到最投入，做到最好。"

人的精力与才智有限，不少人吝惜自己的认真负责，曾几何时，"衣带渐宽终不悔，为伊消得人憔悴"被视为愚蠢，人们渐渐学会以敷衍代替认真，以推卸代替负责，导致许多成果擦身而过，事后谈起又扼腕长叹，多一份遗憾。其实认真负责本来就是中华民族宝贵的精神财富。丹心不改的文天祥，气节难移的岳飞，民为父母的焦裕禄、孔繁森、郑培民、杨业功、华益慰，他们失败或者经过奋斗仍未成功，但他们付出所有心血，虽不尽如人意，但无愧己心，纵有失败也能无憾。

人的精力与才智的确有限，所以每做一件事必须问自己，该不该做，值不值得做，若值得，就下定决心拿出全部精力认真负责，敷衍塞责只会终身遗憾与悔恨。宪梓先生如此说，如此做。他认真负责，用心、专心、诚心创造了金利来这个高质量的世界名牌。有阻力，迎阻力而上；有困难，迎困难而进；有威吓视威吓为笑谈……他的言行不仅是认真与负责的，更是显现一种人生气魄，一种大无畏精神力量，所以宪梓先生一生不仅无憾更是无怨无悔。

认真负责是做人依据，是社会进步的动力，是祖国腾飞的翅膀。

让我们拿出自己认真与负责的精神，做任何事情要么不做，要做一定做到最投入，做到最好！

（选自2008年10月《东中校刊》复刊第二十八期）

第二部分

滋兰百载　树蕙千秋

东山中学自创办以来，在披荆斩棘、开拓奋起、不断壮大的发展历程中，始终有广大华侨、乡贤、校友关切的目光注视着，始终有广大华侨乡贤、校友无私的捐助有力地搀扶着。一栋栋由华侨、乡贤、校友捐建的楼堂馆所，仿如一首首凝固的诗行，在校园中抒发着对东山的无限深情。1978年，一声春雷，春风吹遍大江南北。曾宪梓以他的赤子情怀，率先在家乡母校的这片土地上，播下春天的一粒种子……从此，曾宪梓教学楼、图书馆、大礼堂、运动场拔地而起，这既是曾宪梓兑现求学时的诺言，也是他赤子情怀的彰显。每年的校庆，他回到学校和师生们一起为母校庆生。那一声声深情的嘱托，铿锵的誓言，犹在耳畔……他的乐捐善举亦如一座座丰碑，会始终耸立在东山冈上，如春风化雨，滋润东山人的心田。

东山增宪　誉满桑梓

东山中学

　　走进广东梅县东山中学，迎面而来的是一座座雄伟壮观的建筑物：大礼堂、教学楼、图书馆、运动场。这些建筑物上都镶有两个熠熠闪光的镏金大字——"宪梓"。这一系列的建筑在东中写下一页又一页的新篇章，也印记着旅港校友曾宪梓先生与广东梅县东山中学的一生情缘。

　　曾宪梓先生是香港著名企业家，他热爱祖国，热爱家乡，对东中母校尤为情深。当他事业有成时，他饮水思源，慷慨捐资，兴学育人，立功立德，惠泽桑梓，举国称颂，世代流芳！

　　1978年，曾宪梓先生给母校东山中学捐建了一座在当时首屈一指的教学大楼——"宪梓教学楼"。1983年，曾宪梓先生又献给母校一份厚礼——一座建筑面积1100多平方米、可供二三百人同时使用的"宪梓图书馆"。这为师生勤奋治学提供了更好的条件。之后曾宪梓先生慷慨捐资100万元人民币为母校兴建容纳1200多人的集开会、文艺演出于一体的多功能大礼堂，进一步优化我校育人环境，为培养新型人才创造良好的条件。2006年，曾宪梓先生再投资250万元兴建东山教育基地的首项工程——"曾宪梓运动场"。此外，曾宪梓先生还合资捐建"七十周年纪念大楼"，重修"东山书院"，设立奖学金，捐赠汽车、电视机、图书、各种仪器设备，组织老师到香港等地参观旅游等。为社会树立尊师重道的榜样。

彭淦波老校友曾说："曾宪梓先生有钱又会用钱，是聪明中最聪明的人，所以，我要向他学习。"曾宪梓先生也常说："我心中常常在想，我能够有今日，全靠母校给我的栽培。今天我为家乡教育事业出点力，也是饮水思源！"一席肺腑之言，感人至深。

母校教育曾宪梓成为一个真诚对待生活和朋友的人，还教会他去爱每一个人，他也因此获得了众多人的尊敬和爱戴。

曾宪梓先生时刻铭记党和祖国对他的培育之恩。他说："我4岁失去父亲，母亲带着我长大，特别穷苦，小学都没有念完就辍学了。新中国成立后，是土改的同志给了我3块钱，把我送到最好的中学读书，那时候我都已经17岁了，在那之前我还没有见过钱呢，当时对我心灵的震动是十分大的。后来我得以考上大学，我的人生轨迹也才从此发生改变……在给我颁发大紫荆勋章的荣誉后，我感到压力更大了，我必须更加专注，更加负责。在我1963年离开家乡到泰国时，我感到对不起党和祖国，因为祖国培养了我，但我没有留下来建设祖国，真是感到十分内疚，但是发誓一定要在有生之年报答党和祖国对我的培育之恩。之后到香港，我就告诫自己，一定艰苦创业，以后有机会在不同环境里以不同的方式回报祖国"。

"不要问你的国家能为你做什么，要问你能为你的国家做什么。"曾宪梓用一生践行着这个承诺。

无微不至关怀母校东山中学的曾宪梓博士

罗传厚

我校杰出校友曾宪梓先生出生于梅县一个贫苦侨眷家庭，在艰难读完小学后一度辍学，上山放牛砍柴，下地锄禾耕田。新中国成立后，他依靠人民政府免费上学政策和发放的助学金，在东山中学读完初中和高中。1957年以优异成绩考入中山大学，毕业以后，先分配到广州农业科学院，1963年获批准前往泰国继承遗产，后移居香港。白手起家，艰苦创业，发展成为领带大王。事业有成后不忘爱国爱港爱乡，饮水思源，报效桑梓，持之以恒。他曾任全国人大常委会委员，坚持本色不改，不忘东山母校培育之恩！从20世纪70年代初开始经常通过姐夫梁群华老师（东山中学政治科教研组长，名教师）联络回母校拜访李泉隆校长和教过他的老师。我有幸作为李校长的助手，一起接待我们尊敬的学长。他很谦虚，对人和气，有说有笑，不摆架子。经常关心学校的发展情况，有什么困难，只要提出来，他都热情帮忙。他人很直爽，有什么说什么，有时直接提出意见，如学校环境卫生等。那时，他带有彩色胶卷相机（当时很稀罕）为我们照相，还带回香港冲洗出来后叫群华老师交给我们。从此以后，我们熟悉起来，经常来往。他为母校办实事，做好事，有很多感动人的故事，我下面慢慢讲，请大家留心听！

20世纪70年代中后期，打倒了"四人帮"，恢复高考，为做好学校的教学准备工作，曾宪梓先生看到学校破旧的教室和桌凳，主动提出捐建一座教学大楼。他多次回母校，研究捐建工程项目的管理办法，并提出按时保质保量完成工程的要求。这是梅州市第一间港澳同胞知名校友捐建并命名的教学大楼。落成后举行了隆重的剪彩典礼，请了中山大学校长黄友谋校友出席并执剪。12间阳光明媚、空气流通、玻璃黑板（不反光）、夜晚灯光明亮的全新标准教室迎来了恢复高考后的第一届全市择优录取的学生。新同学，新教室，增强了老师们和同学们努力学习知识的热情。1981年他们毕业时获得了全省高考名列前茅的优秀成绩，可以说是"文革"以后拨乱反正的伟大成果。从此以后，曾宪梓先生、刘锦庆先生每年各拿出3000元人民币奖励高考成绩突出的老师和学生。钱虽不多，但在80年代初，国家困难大，像我这样的大学毕业生教师每月才拿到46元工资，李校长作为中学教育家、名牌教师，每月也才领到124元，能得到二三十元的奖励，已经是心满意足了，觉得教学质量提不高，是很对不起宪梓先生和锦庆先生的。

接着，二位先生看到堂堂的省重点中学只有一部省拨的解放牌大货车，老师们外出活动都骑自行车去，很不方便，决定送一部日本产丰田小客车。当时就严格规定使用办法，主要是为师生代步，用于校长、部门负责人公事外出、学习交流等。学校组织任教研室主任的语文叶锦城老师，数学侯成章老师，英语林祖荫、罗俊华老师，物理管韶华老师，化学古基谋老师以及其他学科的负责人，由校长和我带队，去广州华师附中、广雅、执信等名牌中学以及当时全国高考先进学校，如厦门一中、厦大附中等参观学习。原则上每年出去活动一次。同时，汽车还用于各教研室参加本市兄弟学校教研活动，参加应刘宇新先生要求支持他的母校兴宁泥陂中学的支教活动；汽车还用于慰问退休老教师和有病痛的老师。东中定为全国重点中学时，教育部拨有50万专款建实验大楼和阶梯教室，但阶梯教室没有座椅，看到这种情况，宪梓、锦庆先生又把赠送的第一辆汽车卖掉，钱款用于装置阶梯教室的座椅，他们重新从日本进口一辆新型小客车，继续代步，开展各项活动。

70年代末，恢复高考后，曾宪梓先生和夫人黄丽群女士看到学校科学馆里都是过时、陈旧的仪器设备，已经跟不上教育发展的形势。他们回到香港后商量要送给学校新型的电子计算机50台（上数学课用）、彩色电视机几台（用于师生课余观看新闻和歌舞、足球比赛等）、手提收录机几台（用于英语教学，提高学生的听力）、英文打字机几台（可以用清晰的印刷体打印英文资料和英语考试试卷，非常整齐美观）。买到后在罗湖过关，汽车不准过，设备还得由丽群姐亲自挑过罗湖桥，深圳这边江志总务主任租来汽车，运回学校科学馆，使科学馆大添光彩！大大调动了当时东中广大师生教和学的积极性。

80年代中期，为了进一步提高学校的教学质量，开阔教师的眼界，还分期分批邀请校长、骨干教师以及宪梓先生的老师到香港旅游，参观考察。我和其标老师、文澎老师、剑辉老师1987年第二批去香港，宪梓先生、锦庆先生亲自驾车到九龙红堪火车站等我们，派专人专车接送我们去香港知名中学、小学、幼儿园参观学习；请我们到兴宁籍李济平先生的客家饭店吃饭，还请我们到中华总商会（宪梓先生是会长），介绍香港中华总商会各位领导给我们，并共进午餐。

席间，由我介绍东山中学的有关情况，争取更多的香港同胞关心和支持学校。在香港嘉应商会与旅港东中校友会部分代表举行了座谈会，介绍学校情况，分享母校高质量发展的成果，交流他们毕业后的成就，回忆当年在母校学习时的点点滴滴，气氛热烈亲切。

记得有一次学校校庆活动，邀请香港及印尼、泰国等海外校友参加，校友们很热情，我们订了华侨大厦的房间给他们，当时有点为难，就是旅差费不知如何支出，学校没有这笔费用，去问宪梓先生如何办。我和蓝副校长（当时的总务主任）去问，结果宪梓先生爽快地说：学校有困难，我们自己出，我带头，点人头收。如此解决了这个难题！又有一次，宪梓先生带熊德龙先生来东中参观，带动他支持一下学校，因为上午比较迟（十点多）才来，宪梓先生说在学校吃午饭，我们有点为难，因为很少请人吃饭，而这次特殊，请的是贵宾，同时还要争取对方支持学校，我们跟宪梓先生汇报，他说：没有关系，教师食堂的菜就好。像芋头焖鱼头、米粉肉（我们学生时代吃的）、肉丸酿豆腐就可以，自己人，不用拘礼！这番话使得我们放下了心！他就是这样朴实的人，一切为母校着想，想方设法为母校服务，践行东山校训"勇俭爱诚"！

80年代中期，在我任校长的时候，曾经主持过两次侨建大楼剪彩，一座是曾宪梓先生偕夫人黄丽群女士捐建的"宪梓图书馆"，代替了1926年泰国华侨陈南康先生捐建的"南康图书馆"，保护了学校大部分典藏书籍并逐年增添了新的赶得上时代潮流的文学艺术、科技知识新书，增添了阅览室，便于同学们在知识海洋中畅游。另一座是由旅港校友曾宪梓、刘锦庆、李信章先生以及旅印尼校友饶占广、罗淡芳、章生辉先生牵头集体捐资兴建的"七十周年纪念大楼"，共20个教室，加上宪梓教学大楼的12个教室，按照当时学校规模全校30个班，全部都有了采光合格的教室。这些捐资大大改善了办学条件，为古老的东山中学增添了青春的光彩！整个东山中学校园充满了积极向上的精神！

在老校友叶剑英元帅的直接关怀下，在以曾宪梓先生为首的海内外校友的鼎力支持下，全体师生努力教学，学校教学质量稳步提高，擦亮了东山中学的高质量的金字招牌，无愧于时代的要求，年年高考名列全省前茅，为海内外广大关心支持母校的校友，为梅州市父老乡亲以及广大学生家长交出了一份满意的答卷！

"德高人必敬，功丰誉必隆"，曾宪梓先生之崇高精神品质及一向无微不至关心资助母校东山中学的义举善行，在我们全校师生员工心中垒起一座不朽的精神丰碑。"先生之风，山高水长；先生之德，泽被四方"，在百年名校广东梅县东山中学110周年校庆即将到来之际，我们要以曾宪梓先生为榜样，努力办好叶剑英元帅母校东山中学，为祖国、为人民、为家乡梅州市培养出一代代质量高、素质强、能报效国家民族的英才！

（写于2023年东中110周年校庆前夕）

拳拳赤子心　依依母校情

——记旅港校友曾宪梓先生

蓝　岸

　　曾宪梓，家乡人谁不晓这位被誉为亚洲"领带大王"的香港金利来（远东）有限公司董事长、香港中华总商会副会长和香港东中校友会副会长！

　　曾宪梓先生生于1956年毕业于本校，后就读于中山大学生物系。1968年由泰国移居香港，从制销领带起家，经过几年的起早摸黑、自裁自制的艰苦努力，终于取得了成功，从而名扬东南亚。1985年，他当选亚洲领带协会主席，被誉为亚洲"领带大王"。在他出国第一天他就暗下决心：不要忘记自己是家乡的乳汁哺育成长起来的，有朝一日，当尽力报效！十年后他果然怀着一颗赤诚的心回来了。

　　他首先在母校东山中学捐建了一座"宪梓教学大楼"，1982年捐建了"宪梓图书馆"，后又捐献一笔奖教奖学金和一批电视机、收录机、电脑等现代化教学仪器，鼓励东中学生发奋图强，早日成才报效祖国。今天，他回来时又慨然宣布：捐资100万元人民币兴建建校80周年纪念堂——能容纳1200人的"宪梓大礼堂"，为母校创造更好的教学环境。

　　从曾宪梓先生捐赠的第一批彩电、中英文打字机到"宪梓大礼堂"，时光已过去12年，他在本校的捐赠项目已达上百个之多，捐资人民币共计140多万元。不仅在东中如此，在中山大学，在家乡的其他地方，都有他的捐资项目。"我的生意是为家乡而做，赚了钱就拿回来建设家乡。"曾宪梓先生是这样说的。面对曾宪梓先生在家乡捐建的一座座高楼大厦，每位东山人都会感到这不仅仅代表了曾宪梓先生报效母校、报效祖国的一片真情，也代表了千千万万个东山人的心愿。

遥望东山园里鳞次栉比的新楼，难怪台湾校友回来时望楼感慨："变化真大呀！"假如叶帅还健在，看到东中日新月异的面貌，他一定会感到万分欣慰的！"拳拳赤子心，依依母校情"，宪梓先生的忠耿诚信，将激励千万个东山人奋发图强，把祖国、母校建设得更加美好！

（选自1991年9月《东中校刊》复刊第十期）

宪梓大礼堂碑记

　　本堂址原为老礼堂及廿周年纪念堂，因年久破烂，且容量狭小，未能适应形势发展之要求；乘着本校建校八十周年之际，发起重建，并以纪念光荣华诞，当得旅港校友金利来（远东）有限公司董事局主席、第七届全国人民代表大会代表曾宪梓先生之支持，慨捐人民币壹佰余万元，以建造足容1600人，集开会、体育、文艺表演于一体之多功能礼堂，经几年之积极施工，顺利于本校建校八十周年大喜节日，厥功告成，隆重剪彩。曾校友热爱母校，殚心教育，先后还独资、合资为本校捐建宪梓教学大楼、宪梓图书馆、七十周年纪念大楼等系列大型工程，对母校校园结构之现代化及教学设备日臻完善等起了积极作用，嘉惠后学，造福家邦，继往开来，至重且大，为彰盛德，特立碑以志。

广东梅县东山中学立

1993年4月1日

本校"宪梓图书馆"落成剪彩

陈　晓

去年十月七日，我们二千多名教职员工和来宾们一起，隆重举行"宪梓图书馆"落成剪彩典礼。"宪梓图书馆"（三层）建筑面积一千一百多平方米，耗资人民币十五万元，包括两个教师阅览室和两个学生阅览室，同时可容二三百人阅读。这是本校旅港校友、嘉应商会会长曾宪梓先生和夫人黄丽群女士，继为母校捐建一座教学大楼（三十万港元）之后，献给母校的又一份厚礼。建成后将为师生勤奋治学提供更好的条件。出席剪彩典礼的，有地委、行署领导李庆芬、李国瑶、徐丹华、任志文、周刚、何万珍、陈槐珍、陈玉娇等；省检察院副检察长卢伟良、省侨联副主席谢文思；中国足球队主教练曾雪麟；旅港嘉应商会会长曾宪梓及其夫人黄丽群，第一副会长刘锦庆先生等旅港同胞；以及梅县市委、市政府领导等。在剪彩典礼上，本校向曾宪梓先生赠送了纪念品。曾雪麟主教练赠送中国足球队队旗和小足球给学校。梅县文工团还演出了一台精彩的歌舞节目，以襄盛举。

（选自1985年4月《东中校刊》复刊第一期）

欢庆"七十周年纪念大楼"建成

李清祥

为庆祝母校建校七十周年，由华侨校友和旅港校友捐资兴建的五层"七十周年纪念大楼"将于今年4月1日母校七十二周年校庆时落成剪彩。诞辰欣剪彩，双喜庆临门。

"七十周年纪念大楼"于1984年9月动工兴建。建筑总面积二千三百四十五平方米，高五层，每层四间教室，各层还有与教学有关的配套设备，共耗资人民币三十万元。大楼巍峨挺立于东山岌顶，气势雄伟。登楼俯瞰，梅山梅水尽收眼底。大楼与前面的宪梓教学大楼、宪梓图书馆，左边的科学大楼、电化教学室等建筑物连成一体，形成一个教学活动建筑群。这一建筑群的出现，就是本校远景规划中环境宁静、景色优美的教学区。这一教学区，可供二千多学子学习活动之用。

"七十周年纪念大楼"是由华侨校友罗先生、饶先生、章先生、李先生等四十余人及旅港校友刘锦庆、曾宪梓、李信章先生等于七十大庆时献给母校的厚礼。如果说二三十年代，老一辈华侨为初创的东山中学在东山角、东山第一亭，打下母校向东山岌发展的雏形，那么七八十年代，新一代的校友则是继承老一辈华侨爱国爱乡、关心桑梓教育事业的美德，在东山岌上锦上添花，把东山岌建成今天蔚为壮观的教学区。

望着那一座座在绿叶掩映中的高楼，我们就会看到十一届三中全会以来国家侨务和对外开放等各项政策在东山中学结出的丰硕成果。我们感谢海外华侨和港澳校友们对东中的支持，决心做出更大的成绩。

（选自1985年4月《东中校刊》复刊第一期）

旅港嘉应五属商会会长曾宪梓校友讲话

领导、来宾、老师、同学们：

　　首先向大家问好。的确，我多次回到母校，都感到特别高兴。这次，我是双重身份。在此大喜日子里，首先，让我代表旅港嘉应五属商会向东山中学七十二周年校庆和七十周年纪念大楼落成，致以最热烈的祝贺。其次，我是一位校友，兴建七十周年纪念大楼，是香港刘锦庆老会长发起的，得到海外校友的热烈响应，这是母校的好事，刘老会长讲过"好事唔怕做"，我很听他的话，还能够拿出钱来为母校做好事，就应该尽一份力量。东中母校这么好的环境，全国各地很多社会贤达和海外侨胞来校参观，都赞美东山。借此机会，我个人提几方面的意见，希望学校和有关部门，是否考虑一下。环境幽美的东中，不论过去和现在，都培养出了海内外的大批优秀人才，这是名扬遐迩、众所钦佩的。但美中不足的是，水泥地占了这么阔的面积，要调节好空气，绿化环境，建议每位同学每人种一棵树，包活的，有奖。还有是造纸厂的污染，废水污染了一条周溪河，废气污染了校园，能否采取污水处理等净化措施。以前，可爱的东中标志——千佛塔在"十年动乱"期间遭到了毁坏，有可能重建最好。如今，钢铁厂改为生产水泥，灰尘大，污染环境，可否用什么方式调配一下。还有最刺眼的是，校门高大美观，但邻近群众房屋建筑物越做越近，影响学校的美观，有碍观瞻。我相信，东山中学在当地政府领导下，在教育部门的领导下，在全体师生的共同努力下，一定能办得更好，真正成为名副其实的重点中学。最后，祝大家身体健康！

（选自1985年7月《东中校刊》复刊第二期）

七十周年纪念大楼剪彩纪实

向 华

4月1日，坐落在梅江之滨的梅县东山中学迎来了她七十二周年的校庆暨七十周年纪念大楼落成剪彩。松柏添翠，红棉吐艳。校园春意无限，生机盎然。从东山书院到扇形科学馆，从雄伟的校门到新落成的七十周年纪念大楼，张灯结彩，楹联生辉，古老校园青春焕发，充满节日气氛。

造型新颖，装潢美观的"七十周年纪念大楼"是海外、香港校友在母校七十周年校庆时动议集资捐建的。捐款的包括饶先生、罗先生、章先生、李先生等四十一位海外校友以及曾宪梓、刘锦庆、李信章等三位旅港校友，共四十四人。七十周年纪念大楼耗资人民币三十万元，建筑面积二千三百多平方米，包括二十间课室、五间教师休息室、五间会议室。镂嵌在大楼墙壁的大理石上镌刻着四十四位校友的姓名。他们热心资助母校的事迹传扬海外，誉满侨乡。

是日早上，穿着整齐的一千八百多名师生就集合在斜坡校道两旁迎候贵宾了。欢迎队伍从校门沿着斜坡路摆开长龙，一直延伸到"七十周年纪念大楼"前。锣鼓齐鸣，鞭炮声声，上午9时许，载着校友、来宾的各式小汽车鱼贯进入校门，依次停在马蹄形球场上。校友们沿着花的长河、欢腾的长河缓步进入庆祝会场。

参加庆祝会的有捐建七十周年纪念大楼的饶先生、刘锦庆、曾宪梓、李信章等校友，还有从北京来的校友叶丹同志，从广州来的校友卢伟良同志、田一石老师、谢健弘教授、张明生教授、何明同志等。知名人士还有旅外侨胞熊先生,深圳市影业公司副总经理、电影《生死树》导演郑会立同志以及纽约电影制作集团有限公司总经理王赞先先生,梅县地市领导李国瑶专员、陈玉娇副专员、杨漾光市长、叶碧云副市长等也参加了盛会。莅临庆祝会的校友、来宾共二百多人。

在庆祝会上,罗传厚校长代表全体师生致了热情洋溢的欢迎词,对海外、香港校友历年来给予母校的鼎力资助,对东中校友热爱母校的诚挚情怀,他深表谢意,备极赞扬;他表示一定要把东中办成质量最高的重点中学,以不负校友众望。饶先生、曾宪梓先生、刘锦庆先生的讲话表达了笃深的家乡情、校友情。梅县地区副专员陈玉娇代表地区领导机关讲了话。年逾八旬的田一石老校友也讲了话。学校向四十四位校友颁发了烫金的荣誉状。庆祝会的最后一个程序是给七十周年纪念大楼剪彩,至此庆祝会达到了高潮。

会后东中学生和市文化局汤明哲校友、肖建兰共同为贵宾们表演了一台短小精彩的文艺节目。廖丹同学演唱的《可爱的故乡》是刘锦庆先生据意大利名曲填词的。小廖充满纯真感情的演唱深深打动了在场的海外赤子,刘锦庆先生更是激情难抑,热泪盈眶。

文艺演出结束后,学校设午宴招待校友、来宾。在宴会上校友、来宾、教师频频举杯,互表祝愿。

是日下午,东中校友在梅县华侨大厦二楼咖啡厅召开了部分校友、来宾座谈会,海内外校友分别发表了热情洋溢的讲话。是晚,在华侨大厦音乐厅举行了集体舞会,贵宾、老师和市文工团演员翩翩起舞,尽欢而散。

（选自1985年7月《东中校刊》复刊第二期）

鸣谢

本校七十周年纪念大楼，荷蒙旅海外、香港校友热心捐资兴建，喜今天落成剪彩，看雄姿永矗东山，缅怀勋绩，谨致谢忱。（恕不称呼）

饶先生、罗先生、章先生、李先生、曾宪梓、刘锦庆、李信章各捐人民币二万八千元。

耀森、琼踞各捐人民币一万四千元。

蕴祥、楠祥、铭福各捐人民币七千元。

寿基、仕顺各捐人民币三千五百元。

梦华、廷雄、海伟、开炳、桓昌、庆明、森元、昌利、钟麟、文元各捐人民币一千四百元。

振基、锦秀、喜宽、木新、玉娇、概盛、晋群、永元、佑美、德明、育梅、火兴、增元、载诚、鑫兴、坤华、荣盛、水盛、绍新、祥长。各捐人民币七百元。

（选自1985年7月《东中校刊》复刊第二期）

曾宪梓校友每年捐助母校奖教奖学金五千元

　　香港嘉应五属商会会长曾宪梓校友，对母校校舍建设，做出巨大的贡献，使校园面貌大放异彩，热诚爱校，早为海内外人士所嘉赞。今年校庆座谈会上，更即席慨认从1985年起，每年捐赠奖教奖学金人民币五千元。兹悉今期款项已汇抵，学校当即奉函敬谢。

　　　　　　　　　　（选自1985年7月《东中校刊》复刊第二期）

时雨春风思绛帐

——曾宪梓、刘锦庆校友建室纪恩师

本校七十周年纪念大楼，系由旅海外、香港等数十位校友联合捐建，现分别将捐建人的芳名，勒石悬嵌各该室门，以垂永纪。其中曾宪梓、刘锦庆两捐建人，为纪念各在学时代冯引士校长、邓碧飞老师循循善诱，苦心培护之恩，而分别敬刻"引士室""碧飞室"，以彰勋劳，而表孺慕。闻者，无不嘉赞曾、刘两高足尊师念师之可贵精神。

（选自1986年11月《东中校刊》复刊第三期）

为东山添彩　为红棉润色

曾宪梓、黄华给母校教工分赠珍贵礼品。

香港金利来领带厂董事长曾宪梓校友，馈赠银利来领带厂最精致之领带1997条，予以全校师生员工。行见"随风锦带飘东岌，辉映红棉显奕神"的镜头，出现在东山学府。

（选自1986年11月《东中校刊》复刊第三期）

东山中学建校宪梓大礼堂奠基楹联

丘飞霞

宪梓大礼堂奠基：

宪范赞今朝，揭幕动工，深奠千秋基业；

梓荫裨后世，捐资筑宇，广培百代英才。

（选自1991年9月《东中校刊》复刊第十期）

曾宪梓校友1991年校庆贺电

广东梅县东山中学：

　　欣逢母校（78）周年校庆暨贤士体艺楼剪彩谨致以热烈的祝贺，祝母校在发展教育和培养人才的事业中取得更大成就。

曾宪梓

1991.3.19于香港

（选自1991年9月《东中校刊》复刊第十期）

本校举行建校七十八周年
暨贤士体艺楼剪彩，宪梓大礼堂奠基

——海内外校友嘉宾踊跃返校参加庆典

剑　辉

今年4月1日为本校七十八周年暨贤士楼剪彩、纪念建校八十周年宪梓大礼堂奠基的大喜之日。海内外校友嘉宾回来参庆者极其踊跃。计有旅台校友彭淦波，旅港校友刘锦庆、黄丽群，旅京校友陈哲、李炽光，旅汉校友钟金昌，旅闽校友梁嘉猷，旅茂校友李炳元、黄其常、吴亮喜，旅穗校友叶导欣、钟松达、张明生、叶创昌，旅杭校友卢森文，旅深校友朱文澎、林东、宋苏昭以及专程应邀返校的耄耋高龄的廖苾光、李志乔二位老师。

庆典下午二时半开始，首先进行宪梓大礼堂奠基。该礼堂为宪梓校友继独资和合资捐建宪梓教学楼、宪梓图书馆、七十周年纪念大楼以后，又慷慨捐资一百万元人民币为母校新建容纳一千二百人，集开会、体育、文艺表演于一体的多功能建筑。由曾宪梓夫人黄丽群、李国泰、杨英强、刘锦庆、古国檀、魏潘尧、陈玉娇、何冬青、彭淦波等主镐奠基。接着为彭淦波校友独资捐建之贤士体艺楼落成剪彩。该楼计三层：一楼为豪勉馆；二楼为淦波馆；三楼为素沁馆，总高一五点六米，建筑面积为八百八十八平方米。由彭淦波、黄丽群、李国泰、杨英强、刘锦庆、古国檀、魏潘尧、陈玉娇、何冬青等主剪，仪式简单隆重。在一片欢庆声中，贵宾们鱼贯进新楼参观。最后转总会场，参加建校七十八周年盛大庆典。大会由张其标副校长主持，首由温绍权校长致辞，继有李国泰、彭淦波、刘锦庆等来宾校友先后讲话，气氛热烈，盛况空前。翌日下午在公路大厦举行校友座谈会，商讨有关八十周年大庆及学校今后发展大计事宜，发言热烈，多所决议。

附："贤士体艺楼"碑记：

本校一九四〇年高中部毕业生彭淦波在台经商刻苦勤劳热诚忠厚现因两岸开放探亲交流为回馈母校嘉惠后学并纪念其先翁彭贤士先生独资捐建贤士体育艺术楼一座于七十八周年校庆日落成特缀数言籍留永念

一九二三年校长彭精一撰时年九十七岁

一九三六年班校友李士琏书于台湾

一九九一年四月一日立

（选自1991年9月《东中校刊》复刊第十期）

刘锦庆、曾宪梓、罗光华、黄华、彭淦波奖教奖学金隆重颁发

亚　腾

　　旅港刘锦庆、曾宪梓、黄华校友，旅外罗光华校友，一贯对母校教育教学备极关怀，长期认捐奖教奖学金，以鼓励师生勤教勤学。本学年度上列校友奖教奖学金，依受奖条例已隆重先后颁发。

　　旅外老校友彭淦波，从今年开始，每学年捐赠奖学金12000港元。近日乘回乡之便特返母校主持颁发。仪式隆重，受奖学生受到极大鼓舞，并表示更积极搞好学习，以不负彭老殷切的期望。

（选自1991年9月《东中校刊》复刊第十期）

八十周年校庆曾宪梓校友祝词

东山中学母校：

值此母校建校八十周年庆典暨"宪梓大礼堂""校友楼""电化教学楼"落成剪彩之际，谨致此函表示热烈的祝贺。并向母校各位师长致以崇高的敬意！祝同学们身体好，学业进步！

每逢母校校庆便引起我一连串的感想和回忆。我出生于一个清贫的家庭，是祖国和母校把我这个穷孩子培育成高级知识分子。中学时代，母校不仅授予我许多科学知识，还教育我做人的宗旨和品德。东山中学"团结友爱，刻苦勤俭，努力奋斗"的精神，对我往后的事业有至深的影响。

为报答祖国的培育之恩，为不断改善母校的教学条件，促进教育事业的发展，本人先后向母校捐建了教学大楼、图书馆。现在落成的大礼堂，是向母校八十周年生日献上的一份礼物，以表达本人的敬意和心愿。

东山中学是一所海内外有名的重点中学，辛勤耕耘八十载，桃李满天下。不少校友已成为祖国栋梁之材，不论国内国外，不论从政从商从工从文，东中弟子出类拔萃，成就卓著。祈望母校继往开来，发扬东中精神，教学育人，为社会培育更多更好人才做出贡献。

校庆期间，惜因本人要出席全国人大会议，不能回母校参加庆典活动。谨祝母校建校八十周年庆典活动圆满成功！

曾宪梓

一九九三年三月三十日

（选自1993年9月《东中校刊》复刊第十二期）

校庆八十五周年大会上
旅港校友曾宪梓先生的讲话

尊敬的领导，尊敬的嘉宾，老师们，同学们：

我怀着十分高兴的心情，专程回到家乡，回到东中母校和大家见面，首先我要感谢母校老师把我们栽培成长，走向社会能够找生活，立足于社会，创造一番事业，当事业有成的时候，能为家乡，为母校做一些好事。我相信，这不仅仅我们东中母校培养出来的学子有这个愿望，我们梅州市各学校培养出来的同学，分散在世界各地，分散在全国各地的都有同样的心情。

现在，我想讲讲自己，我是一个贫苦出身的学生，新中国成立后，接受国家的教育，靠助学金读完中学和大学。但是，自己没为祖国建设做出什么努力。17岁读中学，27岁大学毕业，29岁离开祖国经香港到了泰国，流落了5年，1968年定居香港，创造了领带的事业，从无到有，从小到大，经过整整30年，今年64岁了。29岁离开，64岁回来，30年的搏斗，虽然事业上有了一定的成绩，但身体上垮了，这点对我来说，身体不好是件不幸的事，但人生在世短短几十年，转眼就不见了。所以，我们要珍惜，在有限生命的时间中，要为祖国，要为家乡做点事，我选择了虽不能亲自参加祖国建设，但要在不同社会环境里面和大家一样终生为祖国服务，这是我的心愿。在共产党栽培下，在祖国培养下成长，我今日有食、有住、有享受，还有剩余，剩余的部分，一部分继续发展事业，一部分回报祖国。我出去几十年，我的这种心态时时激励着我要用自己的力量来报效祖国，不论经济活动，社会活动，甚至政治活动，我都有这个心情，就是说，我要在不同的阶层，不同的地方，不同的环境下回报祖国。曾宪梓不是一个强人，甚至比不上在座的各位，但我有个心愿就是无私无畏，把自己的力量在自己的工作岗位上勤勤恳恳、无日无夜地发挥出来。一种愿望就是经自己的努力来报效祖国，报效祖国不是说今天报效，而是终生报效祖国。

有些人不明白我，说曾宪梓搞名誉地位，我记得1977年回到母校，看到母校仍然是破破烂烂，内心很难过。我在东中读书时，在刘家祺、刘宜应先生捐建的松山堂教室上课，那时候年少无知，曾口出"狂言"：将来我赚到钱也捐建一幢大楼给东山中学。这虽然当时讲的是"癫话"，但这"癫话"在自己脑海中时时都记得，所以，我回来之后要用行动去实现无意讲出的"狂言"，建一座教学大楼回报母校对我的栽培，对我的养育之恩，从这一点开始，以后又受到叶老帅的接见和鼓励，他说："宪梓先生，你做得好！""我做了什么事？"我回应叶老帅。他说："你做了，更希望你发动海外侨胞，港澳台同胞都来关心家乡的建设，一个人的力量是有限的，要发动大家的力量。"我亲口答应了叶帅，在今天庆祝母校建校85周年之际，我不忘叶帅精神，不忘叶帅的贡献，叶帅不单单是东山的荣誉，叶帅不单单是我梅州的荣誉，叶帅是我们全中国的荣誉。

在我们热烈庆祝母校建校85周年的时候，我希望东山中学的老师、同学们永远以积极的心情怀念我们的叶老帅，叶老帅的精神永垂不朽！东山母校培育了我们，我相信在座的老师和同学会共同努力，而且一代会比一代强。本来今天我还有许多话要讲的，相信后面要讲话的人还十分多，我要讲的话还是留待以后再讲吧。谢谢大家！

（选自1998年10月《东中校刊》复刊第十八期）

曾宪梓先生的讲话

尊敬的各位领导，尊敬的来自世界各地的校友们：

高兴起来就说不出话，讲什么好呢？我想讲几句心里话，就是感谢母校对我的栽培、哺育，使我在社会上找饭吃的时候有点本钱。这是母校的老师们对我教导的结果。他们不但教给我科学文化知识，更教我怎么样在社会上做一个有用的人。刚才学校的小记者问我一个话题："现在的人观念不一样，是什么原因呢？是社会环境的影响呢，还是自身的控制不够呢？"我简单告诉他，人生下来的时候他只会哭，什么也不懂，到以后会讲话、学习、工作、创业、有成绩，这是因为人在生长，生活过程中不断学习。学习有个目的，为什么学习呢？为自己还是为社会、为建设国家学习呢？那是个根本问题。如果你在成长过程中有一个决心：我要做一个好人。你就会朝着好的方面去学，坚定不移地学，一些外界的不良习气，我不学，不参与。难道社会的引诱就不大吗？很大。我初到香港的时候，一无所有，我有不少同学、亲戚、朋友到了香港，认为香港是天堂，趁年轻跑一跑，到处玩一玩。结果呢？一些人潦倒一生。而我呢，要养老婆孩子、母亲，一个人要养活六个人，所以我对那些地方就不敢去。我不抽烟、不喝酒，香港的舞厅、夜总会我没有去过，香港的任何不良场所我都没有去过。我要用老师教给我的知识去做一个好人，用我的智慧和我的力量，去艰苦创业，想尽办法去养育子女、孝顺父母。在拼搏中取得了一点点成绩。

有些人不理解我这个穷苦出身的，赚了一点点钱，怎么出手那么大方，一出手就是几百万甚至几千万，他们不理解我，但我很理解。我会有今天，如果不是有母校的培育，不是有祖国的栽培，我能有今天吗？如果不是有共产党，不是有新中国，我能有今天吗？有今天就是有祖国的栽培，就是有母校的培育，使我在社会上能立足、创业、发展。所以我有了一些事业以后，我首先想到的是母校。母校是我成长的地方，是我永远不能忘记的地方。母校的一草一木，母校的老师同学我都忘不了。我1961年中大毕业，1963年到了泰国，一个受祖国栽培的大学生，没有很好地为国家服务就离开了祖国，跑到外面去了，那时心情是十分复杂的。当我走过罗湖桥的时候，我回头望望我的祖国，望望五星红旗，我掉泪了，在这时我就下定决心：曾宪梓呀，你出国去要争气，要做个好人，要努力去创造一番事业，将来能够有机会回到祖国报效祖国。我有了这个愿望，这个决心，虽历经多次挫折、失败，最终还是取得了一点点成绩。当我有了一点点成绩后，我就回到母校。1977年回到母校。东中读书时我在刘家琪、刘宜应兄弟建的松山堂学习，那时还是个少年，不懂事，当时我夸下个海口：将来长大后我就建个大楼。话说出去了，脑子里总是记得。所以我有一点点成绩时我就想到实现自己的梦想，就建了一座教学大楼。这就表明了我有决心，有决心去做一个有用的人。决心要报效祖国，怎么报效呢？我又不能回来祖国参加祖国建设，但我决心在不同的社会里用不同的方式来报效！报效祖国，就是我一生的追求。我无论参加社会活动、经济活动都以这个作为准则。所以一个人想做好人还是坏人，全世界全中国任何地方都是好坏并存，你想做好人就下决心去做好人。如果认为外界环境影响很大，引诱很大，但是你想做好人就不管外界环境怎样影响，怎样引诱你也不会上当的。

我和小记者们谈了，东山中学的校风是好的，东中是叶帅参与创办的，有光荣革命传统的，培养的学生是高素质的，东山校友一定能够做一个高素质的、有理想的、能够全心全意为祖国服务的好学生！我不是说我做得很好，人总是好坏并存，好得多就算好，坏的不多也得改进。我是一个东山培育出来的学生，我时时怀念东中，我心在东中，所以，我为东中取得的成就感到自豪、感到骄傲，我相信在座的校友们、同学们都有这个概念。

整个人生中不过短短的几十年，我离开母校44年了，我在10年前约了同学在10年后回到东中再见面，今天我又回到了东中。我要告诉大家，在前年冬天我是死里逃生的，由于得到了中山医科大学教授、医护人员的救治，得到了中央领导李鹏委员长、胡锦涛副主席、李岚清副总理等许多中央领导，省、市各级领导的关心，把我从死亡中挽救回来。今天能见到你们，能回来家乡母校，感到更加难能可贵。今天还能跟大家见面讲话，我说这是祖国又给了我一次生命，所以我在今后的日子里，要把剩下的有限生命，尽我所能，为祖国、为家乡、为母校做一点好事。人生有限，我们要珍惜有限的生命，在有限的生命里多做好事。所以，我特别珍惜今后的生命，希望与老师多见面，与同学们多见面，希望多回到梅州家乡，亲身体会一下生我、育我、培养我成长的地方。回到家乡感受特别深。所以，希望在今后相处的日子，能够畅所欲言，交换心得，相互鼓励，为建设美丽富强的祖国而共同努力。祝大家身体健康，万事如意。

（选自2000年10月《东中校刊》复刊第二十期）

九十二周年校庆曾宪梓 贺信

曾宪梓

东山中学母校:

欣悉4月1日母校隆重举行建校九十二周年暨新校区落成剪彩庆典活动,本人谨致函表示热烈的祝贺!并向出席庆典活动的各位领导、各位师生、校友致以亲切的问候和良好的祝愿!

东山中学建校以来,在海内外各界人士、校友的关心和支持下,在历届师生继承光荣传统,发扬"勇俭爱诚、严勤细实、勤奋好学、团结进取"的优良校风共同努力下,不断壮大发展,成为广东省一级重点学校,为社会、为祖国培养了大批优秀人才。我作为东中校友感到自豪和光荣!

如今我们的母校,人才辈出,校友叶澄海先生捐资三百六十万元兴建了教学大楼,为东中的同学树立了好的榜样。同时,希望我们的校友、乡贤继续为东山中学的发展做出贡献。

值母校校庆大喜日子,本人捐献人民币一百万元兴建运动场,以表心意,并为母校的发展和建设尽己之力。

惜因校庆期间,本人要出席香港中华总商会访问广东省领导的活动,未能如期返家乡参加母校庆典活动,实在抱歉,敬请见谅!并对母校之盛情邀请表示衷心的感谢。

谨祝母校建校九十二周年暨新校区落成剪彩庆典活动顺利举行,并取得圆满成功!

2005年3月30日

(选自2005年10月《东中校刊》复刊第二十二期)

曾宪梓博士再次莅临我校指导

《东中校刊》编辑部

2003年12月7日上午，东山中学再次迎来尊贵的宾客，整个学校喜气弥漫，东中师生喜悦之情溢于言表。上午9时30分，曾宪梓博士率专程前来参加"曾宪梓捐建我市教育事业系列工程庆典活动"的近200名海内外嘉宾，乘车来到我校指导。

曾宪梓博士是我校著名校友之一，长期以来，他一直非常关心和支持东山中学的发展。宪梓教学大楼、宪梓大礼堂等耸立于东中校园的系列建筑只是他关心母校发展的一个个缩影。曾宪梓博士鼎力支持家乡建设，尊师重教，热爱母校的义举得了广泛的颂扬。在全校师生的夹道欢迎下，曾宪梓博士一行在陈卫平副市长等有关领导的陪同下，神采奕奕、兴致勃勃沿校道参观了校园，又在曾宪梓大礼堂发表了热情洋溢的讲话。他充分肯定了东山中学近几年的新发展，当他了解到修复东山书院工程准备动工，但资金还有一定缺口时，当即表示将捐助人民币5万元，以促这一流芳千古的善事能尽快竣工，同时他希望东山中学要增创新优势，更上一层楼，再创新辉煌。

正如曾宪梓博士每次回母校指导一样，这次重回母校，给我校师生极大鼓舞，师生们纷纷表示将不辜负他的期望，努力工作，努力学习，争取东中更大成就。

（选自2004年10月《东中校刊》复刊第二十四期）

曾宪梓博士考察东中

　　全国人大常委会委员、香港金利来集团董事局主席曾宪梓博士昨日专程回到母校东山中学考察，亲切看望学校师生，鼓励母校做强做大，办成全省第一流的著名学府。

　　昨日上午，曾宪梓在市领导刘日知、何正拔、陈小山、陈卫平和市教育局、外事侨务局等市直有关单位负责人的陪同下，专程抽时间前往母校东山中学考察。当曾宪梓出现在校园时，在场师生发出了热烈的欢呼声。曾宪梓语重心长地对学生们说："你们很幸福，能够在东山中学这样一所著名的学府求学。但你们更要努力，要用优秀的成绩完成3年的学业，以后要为母校争光！"

　　曾宪梓兴致勃勃地考察了东山中学新校区的办公大楼、教学大楼、校园等，听取了学校的工作情况汇报。当了解到新校区因资金紧张而尚未建造足球场时，他当即表示要捐出100万元。他指出，学校一定要有足够的运动场所，让学生在学习期间能保持活跃的状态，这样对他们的成长比较有利。他叮嘱学校领导，一定要建成一个标准化的足球场，并要搞好绿化等配套建设，要能在整体上和谐地融入新校区。

　　曾宪梓对东山中学新校区的建设表示满意，一再称赞说"很漂亮""成为梅州一景了"。他鼓励学校领导和广大师生说，东山中学是由叶剑英元帅一手创办的，大家都要努力把她办好。在历届师生的共同努力下，东山中学今天已经是梅州市第一流的学校，培育出大批优秀人才，但大家还不能满足，要更加努力地把她做强做大，办成全省第一流的学府。

（选自2004年12月10日《梅州日报》）

（选自2005年10月《东中校刊》复刊第二十五期）

曾宪梓博士回校视察

2005年5月8日上午，全国人大常委会委员曾宪梓博士在市委书记刘日知、副市长陈卫平的陪同下回母校视察。曾宪梓校友重点视察了正在维修中的东山书院，他详细了解了书院维修的相关情况。当了解到整体工程费用需300多万元时，他当即表示再捐资20万元。此前他已经为书院维修捐赠5万元。

（选自2005年10月《东中校刊》复刊第二十五期）

喜事成双　宝地增色

——东中剑英校区奠基暨曾宪梓运动场剪彩

东山木棉迎宾笑，梅水欢歌扬清波。昨日，东山教育基地醒狮劲舞，锣鼓喧天。市委、市政府在这里隆重举行东山教育基地东山中学"剑英校区"奠基和"曾宪梓运动场"竣工剪彩仪式。

全国人大常委会委员、香港金利来集团有限公司董事局主席曾宪梓博士，梅州市荣誉市民、香港嘉应商会永远荣誉会长黄丽群女士，广东珠江投资公司董事、合生创展集团副董事、广东新南方公司总裁朱拉伊先生，合生创展集团副总裁廖若清先生，泰国客属总会永远荣誉会长、金狮领带公司董事长曾宪概先生，市领导刘日知、魏潘尧、曾超麟、李金元等出席了奠基、剪彩仪式，并为两个建设项目奠基、剪彩，副市长陈卫平主持仪式。陈卫平介绍了"剑英校区"和"曾宪梓运动场"工程概况。香港金利来集团公司、广东珠江投资公司来宾，东山中学1956届校友，市直有关部门负责人，东山教育基地建设领导小组全体成员、市直学校校长和东中师生共2000多人参加奠基、剪彩活动。

在仪式上，曾宪梓博士、朱孟依先生的代表廖若清先生、市委书记刘日知分别讲话。

曾宪梓在简朴的讲话中说，东山中学是他的母校，十分高兴参加由朱孟依先生捐建的东山教育基地"剑英校区"的奠基庆典。他说，朱孟依先生虽然不是东中的校友，但他在改革开放后艰苦创业，取得了很大的成功，近几年来他十分热心梅州的公益事业，现在又斥巨资捐建"剑英校区"。这位年轻有为的企业家是梅州客家人的光荣和骄傲。他说，东中1956年毕业的同学分别50年后又高兴地相聚一起参加母校两项工程庆典，真是好事相连，值得高兴和庆贺。

廖若清先生代表朱孟依先生在仪式上说，东山中学"剑英校区"是梅州市委刘日知书记倡议，朱孟依先生兄弟积极响应的一件喜事。他说，朱先生的父母、兄弟一向对教育事业情有独钟，20世纪90年代起就在家乡丰顺东阻镇捐资改造、建造了10多间学校和其他镇学校；朱孟依先生通过建设东中"剑英校区"缅怀叶剑英元帅，同时为梅州教育事业做出应有贡献，体现了朱先生家族崇高的情操。他祝愿东山教育基地东山中学"剑英校区"早日建成，为梅州培养一大批优秀人才起积极的推动作用。

刘日知在仪式上说："东山这块宝地我已来过多次，这次出席两个项目的奠基、剪彩又兴奋又激动。因为，我们脚下的这块宝地在明年9月将矗立起'剑英校区'壮丽的校舍，传出琅琅的书声……东山教育基地的建设不但牵动着各级领导的心，也凝结着众多像曾宪梓博士、朱孟依先生等梅州客家乡贤的无私和慷慨。"他代表市委、市政府和梅州人民对曾宪梓博士和朱孟依先生等海内外乡亲表示感谢和敬意。他高度赞扬曾宪梓博士、朱孟依先生爱国爱乡的赤子情怀和崇高精神。他说，这两项工程的奠基、剪彩使东山教育基地进入了一个新的阶段，是继半个月前国家级示范性职业学校梅州市职业技术学校奠基后的又一大喜事，也是梅州教育发展史上的一大盛事。他说，"剑英校区"和"曾宪梓运动场"

是市委、市政府的重点建设项目。他希望相关单位坚持高标准施工，高水平管理，确保质量，把"剑英校区"建设成为"阳光工程、廉洁工程、优质工程、样板工程"，确保明年8月竣工、9月正式招生。他希望东山中学以两项工程的奠基、剪彩为契机，发扬优良校风、教风和学风，按照全国一流示范性高中标准，提高教育教学水平，为梅州青年一代"冲出围龙，走向世界"铺就希望之路，为全面建设小康社会培养、输送更多优秀人才，不辜负上级领导和海内外乡亲的信任与期望。

扩建东山中学是东山教育基地建设总体规划的一项重要内容。东中扩建后至2008年将发展为180个教学班、10000名在校生、510名教师的办学规模，净增优质学位6250个。项目建成后将极大提高东中办学能力和水平，进一步提升梅州教育品牌形象，以加快推进我市普通高中教育的步伐，满足广大群众对优质高中学位的需求，全面带动全市基础教育水平的巩固提高。

据了解，昨日奠基的东山中学"剑英校区"计划总投资约8500万元，其中建设资金5000万元由合生创展集团公司董事长朱孟依先生热心捐赠。朱孟依先生是梅州杰出的青年实业家，家乡丰顺县，在房地产、电力、物流、高速公路建设等众多领域均获得了巨大成就。他在事业有成之时始终没有忘记养育他的家乡，十分热心桑梓建设，在丰顺老家已捐建公益事业超过5000万元；这次他又斥巨资兴建东山中学"剑英校区"，其义举将为东山教育基地建设添上绚丽的一笔。

"曾宪梓运动场"由曾宪梓博士热心捐建，占地30多亩，现已竣工的包括司令台、环形400米八跑道、标准足球场和田径场地，并预备续建10个篮球场、4个排球场和体育馆的计划用地。该运动场的竣工将大大改善东中的办学条件，促进学生素质的全面发展。

（选自2005年11月9日《梅州日报》）

（选自2006年10月《东中校刊》复刊第二十六期）

东山中学"曾宪梓运动场"剪彩楹联

张其标

倾真爱，建黉园，赫赫宪声，永誉峥嵘母校；
献巨资，兴教育，泱泱梓德，长滋绮丽家山！

（选自2006年10月《东中校刊》复刊第二十六期）

香港特别行政区全国人大代表来校视察

黎璜玉

2005年11月13日上午，在团长、香港招商局集团有限公司董事袁武和副团长、香港浸会大学校长吴清辉的率领下，全国人大常委会委员、金利来集团有限公司董事局主席曾宪梓博士等19名香港特别行政区全国人大代表在梅州市政府陈卫平副市长等领导的陪同下来我校视察。

考察团首先来到东山书院，受到了师生们的热烈欢迎，杨昭尊校长向他们介绍了东山书院的历史，并陪同参观了各个展室，考察团对文化宝典、人文景致、伟杰摇篮、文化名城的历史象征——东山书院赞赏有加。

随后驱车参观了学校校容校貌，在叶帅铜像前合影留念。考察团认为，在梅州山区能有如此规模、如此漂亮的东山中学确实了不起。

据悉，考察团在考察了梅州一些企业、旅游景点、中小学校后对梅州市委、市政府积极实施"四个梅州"发展战略给予了高度评价，认为梅州确立并认真实施了以开放梅州为先导，以工业梅州为核心，以生态梅州为基础，以文化梅州为动力的"四个梅州"的发展战略，始终把教育放在优先发展的位置上，促进了全市教育事业的协调发展。

（选自2006年10月《东中校刊》复刊第二十六期）

曾宪梓教育基金会理事会领导来校视察

黎璜玉

2006年1月16日上午，曾宪梓教育基金会理事会访问团在理事会副理事长、教育部原副部长、中国工程院院士、中国科协副主席韦珏，副理事长、国务院港澳办原副主任陈滋美，副理事长、国务院港澳办原主任李海绩率领下，在市教育局局长翁永卫等领导陪同下来校视察。杨昭尊校长介绍了我校近年来的发展情况，特别是近几年高考成绩，韦珏等领导对此称赞不已。访问团参观了东山书院、老校区和新校区后，充分肯定东中所取得的成绩，认为在市委、市政府的领导下，东中教育教学及校园建设实现了跨越式发展。

1997年12月9日，时任国家教委副主任的韦珏曾率领全国30个省、自治区、直辖市近80人的曾宪梓教育基金会考察团来校视察，留下美好印象。

（选自2006年10月《东中校刊》复刊第二十六期）

曾宪梓到东山中学做励志报告

《梅州日报》2011年4月10日讯（记者宋健军）：昨日上午，全国人大常委会原委员、金利来集团董事局主席曾宪梓博士来到东山中学，为该校1100多名学生代表做主题为《情系母校》的励志报告。市委领导以及市直相关单位负责人等到场聆听。

在整场报告会中，曾宪梓不断援引自己求学、创业、生活等丰富的人生经历，以通俗幽默的真心话、大实话，勉励东中学子要始终不甘人后，勤俭诚信，努力成为国家栋梁。他同时明确表态，自己报效祖国的理想终生未变，今后将一如既往支持家乡梅州的各项事业建设。

要有不甘人后的志气

曾宪梓在报告的开场白中说，自己年幼丧父，童年生活极度贫苦的，时常被人看不起。但他没有自卑，变压力为行动，立志通过一番拼搏出人头地。20世纪60年代末，曾宪梓在香港靠着10平方米的小场所起家，一步一个脚印，直至成为蜚声海内外的领带大王，成为知名的爱国商人，一步一步实现自己的人生目标。

通过解读自己的人生，曾宪梓寄语东中学子要有不甘人后的志气，珍惜在东中的每一分、每一秒，学好本领回报祖国、回报社会。为更好地激励东中学子，曾宪梓还专门将有关他人生经历的报道、书刊赠给东中图书馆，"只要同学们有志气、走正路，你们的前途一定是美好的，也是光明的"。

学做人比读书更重要

为了亲情，自动放弃与叔叔在泰国的财产之争；由于节俭，早在1972年就身家过百万却至今过着简朴生活；因为勤劳，始终坚持"算了做"而不是"做了算"……在报告会上，曾宪梓援引自己的一个个人生故事，勉励学子们要做勤俭诚信的人，并分享了自己的"成功公式"：勤俭诚信+智慧=财富。曾宪梓教诲在场学子，学做人比读书更重要，一个人向好、向坏都是可能的，关键是自己内心怎么想，同学们一定要做好学生，爱祖国、爱家乡，脚踏实地、勤勤恳恳，立志成为社会精英、国家栋梁。

报效祖国的信念终生未变

爱国，是曾宪梓的人生标签。他说，当初依靠领取助学金完成学业时，自己就下定决心要报效祖国，"除了养家糊口，报效祖国是驱动我不断创业、不断发展的最大动力。"曾宪梓是这样说，也是这样做的，他浓墨重彩地书写着自己报效祖国的人生：累计为国家各项公益事业捐款已达9个亿，成立了教育、航天、体育三个公益基金；历任三届全国人大常委会委员，始终热心参政议政；成为百多年来香港中华总商会首位客家籍会长，积极带动企业家到祖国内地投资……曾宪梓表示，不光自己在有生之年要报效祖国，自己的后代也会秉承"爱党爱国爱港爱乡"的精神，让自己回报祖国、回报社会的行动生生不息。曾宪梓勉励东中学子："只要树立了报效祖国的信念，你们就一定会有所作为，将来可以比曾宪梓做得更好。"为表达自己对党的感激和敬爱之情，在报告尾声，曾宪梓还带领全场高歌他唱了一生的《没有共产党就没有新中国》。

将一如既往支持家乡建设

曾宪梓在报告中还表示，作为客都梅州的儿女，每次回到家乡，他都在思考同一个问题：我能为梅州做什么？他说，新一届市委、市政府领导班子为了梅州发展呕心沥血，让他深受感动。"在有生之年，只要市委、市政府号召，我一定全力以赴、全力支持，与大家一起共同行动起来，把梅州建设得更加美好。"

（选自2011年10月《东中校刊》复刊第三十一期）

曾宪梓博士被中共中央、
国务院授予改革先锋称号

　　2018年12月18日，庆祝改革开放40周年大会在北京隆重举行。中共中央、国务院表彰改革开放杰出贡献人员，授予100名同志改革先锋称号，颁授改革先锋奖章。我校校友曾宪梓博士获表彰，被授予改革先锋称号，成为100位获改革先锋奖章中的一员，被称为"倾力支持国家改革开放的香港著名企业家"。

　　曾宪梓，男，汉族，1934年2月出生，广东梅州人，香港金利来集团有限公司创办人，我校1956届校友。曾任全国工商联副主席，第八届、九届、十届全国人大常委会委员。1986年开始到内地投资设厂，1989年合资成立中国银利来有限公司，成为我国首家专门从事领带生产经营的中外合资企业。组织海内外华人到内地投资，2001年促成第六届"世界华商大会"在南京召开。从20世纪70年代末开始，捐资支持国家教育、航天、体育、科技、医疗与社会公益事业，历年捐资逾1400项次，累计金额超过12亿港元。拥护"一国两制"方针，曾任香港特别行政区筹备委员会委员，为香港顺利回归祖国、实现平稳过渡和保持繁荣稳定做出重要贡献。荣获"中华慈善奖"、香港特别行政区政府"大紫荆勋章"。编号第3388号小行星被命名为"曾宪梓星"。

　　　　　　　　（选自2018年12月《东中校刊》复刊第三十八期）

广东梅县东山中学贺信

尊敬的曾宪梓博士：

　　您好！

　　欣闻您在12月18日召开的庆祝改革开放40周年大会上，光荣地被党中央、国务院授予改革先锋称号和颁授改革先锋奖章，这是对改革开放做出杰出贡献的100位人员的充分肯定！母校师生为之振奋，倍感自豪！特此祝贺！

　　宪梓博士，作为倾力支持改革开放的香港著名企业家，您从20世纪70年代末以来，积极捐资支持国家教育、航天、体育、科技、医疗与社会公益事业，历年捐资逾1400项次，累计金额超过12亿港元。您拥护"一国两制"方针，为香港顺利回归祖国、实现平稳过渡和保持繁荣稳定做出重要贡献。荣获"中华慈善奖"、香港特别行政区政府"大紫荆勋章"等多项重大荣誉。

　　宪梓博士，诚挚感谢您长期以来对母校东中的关心与支持，您慷慨解囊，捐建了东山中学宪梓教学楼、宪梓大礼堂、宪梓图书馆、曾宪梓运动场等重要场馆，特别是宪梓大礼堂与运动场，成了东中标志性的建筑。您还不遗余力发动校友捐资办学，有力地保障了母校教育教学工作的顺利开展。在您一如既往的支持、鼓励和鞭策下，母校的发展步上一个又一个新的台阶！

　　再次衷心祝贺您当选改革先锋！

　　祝愿您身体安康，家庭幸福！

此致

敬礼

广东梅县东山中学　梅州市东山中学校友会

2018年12月20日

学校领导班子一行拜访杰出校友曾宪梓博士

受曾宪梓博士邀请，2018年9月12日上午，郭思健校长与副校长一起拜访了著名乡贤、全国人大常委会原委员、香港金利来集团创办人、我校1956届杰出校友曾宪梓博士，代表学校全体师生向他送上美好祝福。市教育局梁财生副局长（主持全面工作），我校工会原主席、宪梓博士科任教师张庆培老师一起参加了活动。

郭校长代表全校师生对曾宪梓博士长期以来为学校发展做出的突出贡献致以崇高敬意和诚挚感谢，汇报了学校教育教学情况，衷心祝愿宪梓博士健康快乐、延年益寿，期盼曾宪梓博士一如既往关心支持学校发展。

曾宪梓博士肯定了学校发展取得的成绩，他希望学校新一届领导班子秉承东山精神，力促学校发展再上新台阶。他深情地表示"我是东中毕业的学生，一生都是东山人"。四十余年来，他以实际行动支持学校的发展建设：1978年，捐资10万港元，建起了一座现代化并在当时首屈一指的教学大楼——宪梓教学楼，这也是改革开放以来，港澳台同胞及海外华侨在梅州的首个捐资项目；1983年，捐资15万港元，兴建了建筑面积1100多平方米、可容二三百人同时使用的"宪梓图书馆"；1991年，捐资120万元人民币，建设容纳1200余人的多功能大礼堂；2006年，捐资100万，兴建"曾宪梓运动场"；2012年，捐资1000万港元，高规格升级改造可容纳万人的"曾宪梓运动场"。

　　曾宪梓博士最后勉励东山学子要勤奋好学，继续发扬东山精神，爱乡爱国，立志成才，努力为国家、社会做出贡献。

　　　　　　（选自2018年12月《东中校刊》复刊第三十八期）

学校领导等受邀出席曾宪梓博士
八十五荣寿宴

2019年2月13日，学校郭思健校长等部分领导与校友会工作人员应曾智明先生邀请，到金利来梅州公司，出席校友曾宪梓博士八十五荣寿寿宴。曾宪梓博士是东中1956届杰出校友，为国家为母校做出重大贡献，曾获"改革先锋"称号、"中华慈善奖"、香港特别行政区政府"大紫荆勋章"等，堪称东山精英，学子楷模。宪梓博士爱国爱港、心系桑梓、吃苦耐劳、迎难而上、争分夺秒、务实创新的高尚精神将永世长存，鞭策东山中学师生员工和广大校友发奋努力，砥砺前行。

（选自2019年12月《东中校刊》复刊第三十九期）

唁　电

曾宪梓校友治丧委员会并转其家属：

惊悉曾宪梓校友不幸逝世，不胜悲痛！

曾宪梓校友，广东省梅州市梅县区人，香港金利来集团有限公司创办人。第八届、九届、十届全国人大常委会委员，曾任全国工商联副主席，曾获"中华慈善奖"、香港特别行政区政府"大紫荆勋章"。编号第3388号小行星被命名为"曾宪梓星"。2018年12月18日，党中央、国务院授予曾宪梓同志改革先锋称号，颁授改革先锋奖章，并获评"倾力支持国家改革开放的香港著名企业家"。

曾宪梓校友1951—1956年在东山中学读书，是一位德、智、体全面发展的优秀学生。他出身贫寒，志向远大，靠勤俭诚信起家，创立金利来品牌；他有着一颗炽热的赤子之心，故乡情深，竭尽所能为科教兴国助力，为民族振兴尽心，激励中华健儿扬威，圆体育强国之梦，爱心永驻华夏，真情遍撒神州；他爱国爱港无私无畏，参政议政肝胆相照；他享有崇高的荣誉，但又有着朴实的胸怀。堪称东山精英，学子楷模。

曾宪梓校友对母校有着无限的深情，时刻不忘培育他的这片热土。东中的每一次发展都离不开曾宪梓校友的鼎力资助，他先后为东中母校捐资近1300万元建设大楼场馆，带动了一大批校友和社会贤达热情捐献。

曾宪梓校友去世，国家失去一位热心慈善的企业家，梅州失去一位德高望重的好乡贤，东山中学失去了一位堪称楷模的老校友。他爱国爱港、心系桑梓、吃苦耐劳、迎难而上、争分夺秒、务实创新的高尚精神将永世长存，鞭策东山中学师生员工和广大校友发奋努力，砥砺前行。

广东梅县东山中学、梅州市东山中学校友会为曾宪梓校友的逝世表示深切的哀悼，并向曾宪梓校友的亲属表示诚挚的慰问！

广东梅县东山中学

梅州市东山中学校友会

二〇一九年九月二十一日

（选自2020年12月《东中校刊》复刊第四十期）

曾宪梓1951—1956年在东山中学读书，任学生会文体部部长、班主席、校篮球队队长，是一位品学兼优，德、智、体全面发展的学生，深受师生爱戴。他出身贫寒，志向远大，靠勤俭诚信起家，创立金利来品牌；他有着一颗炽热的赤子之心，竭尽所能为科教兴国助力，为民族振兴尽心，激励中华体育健儿扬威，圆体育强国之梦，爱心永驻华夏，真情遍撒神州；他参政议政，肝胆相照；他爱国爱港爱家乡爱母校情深似海；他享有崇高的荣誉，广博的胸襟，却有着朴实的作风，堪称东山精英，学子楷模。

▲　广东东山中学学生会第七届全体学生干部合影（前排左一是时任体育部部长的曾宪梓）

▲　1978年3月，"广东东山中学"改名为"广东梅县东山中学"，由叶剑英亲笔题写校名"广东梅县东山中学"

▲　1955年曾宪梓代表梅县参加广东省田径、体操、自行车竞赛运动会。图为东山中学时期的曾宪梓

▲　1954年春节篮球比赛，东山中学篮球队荣获梅县学生组冠军留念（后排左三为篮球队队长曾宪梓）

◀　曾宪梓在东山中学读书时的教学楼"松山堂"

▶　曾宪梓在东山中学读书时体育锻炼的地方——千佛塔下的大操场

▲ 曾宪梓在东山中学读书时的东山书院

▲ 曾宪梓在东山中学读书时的状元桥

▲ 曾宪梓在东山中学读书时的科学馆

▲ 曾宪梓在东山中学读书时的南康图书馆

▲ 曾宪梓在东山中学读书时的礼堂

▲ 曾宪梓在东山中学读书时的挹程楼

▶ 曾宪梓在东山中学读书
时的旭升楼

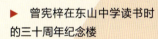
▲ 曾宪梓在东山中学读书时的二十周年纪念堂

▶ 曾宪梓在东山中学读书
的三十周年纪念楼

　　曾宪梓校友为回报母校的培养，1978年，成为第一位回梅州为母校捐建教学楼的校友，他捐赠的"宪梓教学楼"，是改革开放以来，港澳台同胞及海外侨胞在梅州的首个捐资项目。之后又多次捐资，陆续为母校捐建"宪梓图书馆""宪梓大礼堂"，合资捐建"七十周年纪念大楼"，修复"东山书院"，兴建"曾宪梓运动场"等。另外，还为母校捐赠了大批教学仪器和图书资料以及设置奖教奖学金。

▲　1978年，曾宪梓捐资10万港币兴建的"宪梓教学楼"

▲　1984年10月，曾宪梓捐资人民币15万元兴建的"宪梓图书馆"

▲　1984年10月7日，东山中学"宪梓图书馆"落成剪彩仪式

▲　1998年4月1日，时任校长杨昭尊在建校85周年校庆时向曾宪梓颁发"宪梓教学楼""宪梓图书馆""宪梓大礼堂"荣誉状

回报母校　诺言无悔

　　1985年4月1日，东山中学建校72周年，"七十周年纪念大楼"落成剪彩。该大楼建筑面积为2345m²，由饶占广、罗淡芳、章生辉、李昆章、曾宪梓、刘锦庆、李信章各捐28000元，吴耀淼、钟琼琚各捐14000元，陈蕴祥、杨楠祥、彭铭福各捐7000元，丘寿基、李仕顺各捐3500元，叶梦华、黄廷雄、饶海伟、陈开炳、萧桓昌、熊庆明、李森元、丘昌利、黄钟麟、丘文元各捐1400元，丘振基、丘锦秀、丘喜宽、丘木新、李玉娇、李枫盛、李晋群、陈永元、陈佑美、陈德明、彭育梅、彭火兴、饶增元、李载诚、梁鑫兴、杨坤华、吴荣盛、吴水盛、黄绍新、曾祥长各捐700元兴建。

▲　"七十周年纪念大楼"落成剪彩仪式

▲　曾宪梓合资捐建的"七十周年纪念大楼"，其中曾宪梓捐建课室两间

◀　1990年，时任梅州市政府副市长何万真陪同曾宪梓、黄丽群伉俪归宁，并为母校筹建80周年纪念堂捐资

▲　广东省政府颁发的"宪梓大礼堂"华侨港澳同胞捐赠项目牌

▲　1991年4月1日，时任校长温绍权向曾宪梓夫人黄丽群女士颁发"宪梓大礼堂"捐建书与荣誉证书

◀　1991年4月1日，东山中学建校78周年校庆，曾宪梓夫人黄丽群女士主持"宪梓大礼堂"奠基仪式

▲　曾宪梓捐资人民币120万元兴建的"宪梓大礼堂"，建筑面积2448m²，钢筋混凝土结构，可容纳1600人，为一体多功能（开会、放电影、体育文艺表演）现代化的大型建筑，于1993年80周年校庆之际落成剪彩

▲　"宪梓大礼堂"落成典礼场景

▲　2005年5月8日，曾宪梓冒雨来母校考察，受到师生热烈欢迎

▶　听取时任校长杨昭尊关于东山书院修复情况汇报后，曾宪梓校友表示再捐资20万元人民币作为修复东山书院的经费（已捐资5万元人民币）

▲　2004年，曾宪梓、黄丽群伉俪捐资25万元人民币参与修复东山书院。图为修复后的东山书院

▶　曾宪梓参观修复后的东山书院

▲　曾宪梓、黄丽群伉俪

◀▼ 2004年12月9日，曾宪梓在时任梅州市委书记刘日知、市长何正拔、副市长陈卫平等陪同下考察母校，受到师生们的热烈欢迎

▲ 曾宪梓考察东山中学新校区，并决定捐资100万元人民币兴建新校区体育场

　　"曾宪梓运动场"由曾宪梓捐资港币100万元兴建，2004年动工建设，2005年11月8日竣工，落成剪彩。占地30多亩，运动设施包括主席台、环形400米八跑道、标准足球场和田赛场地。2012年，曾宪梓再次捐资港币1000万元进行升级改造。升级改造工程占地面积23511m²，建筑面积3745m²，按丙级体育场设计，座位数9831个，并配有音响和高杆灯塔，是较为现代化的灯光球场，由华南理工大学建筑设计研究院设计，2013年1月18日动工建设，2013年9月30日竣工。

▲　2004年动工建设，2005年11月8日竣工的"曾宪梓运动场"

▲　2013年1月18日开始升级改造，2013年9月30日竣工的"曾宪梓运动场"

▲　▶　2005年11月8日，曾宪梓校友在东山中学"剑英校区"奠基暨"曾宪梓运动场"竣工剪彩仪式上讲话

▲　2005年11月8日，梅州市领导出席东山中学"曾宪梓运动场"剪彩典礼合影

▲ 曾宪梓与出席东山中学"剑英校区"奠基暨"曾宪梓运动场"竣工剪彩仪式，与时任梅州市委书记刘日知等领导和嘉宾合影

▶ 曾宪梓在东山中学"剑英校区"奠基暨"曾宪梓运动场"竣工剪彩典礼现场接受东山中学小记者采访

◀ 2012年12月20日，曾宪梓再次捐资1000万元港币升级改造"曾宪梓运动场"看台。图为时任梅州市市长谭君铁和东山中学校长梁财生在北京接受捐赠

▲　曾宪梓和学校行政领导研究学校建设规划

▲　曾宪梓回母校同全体行政人员亲切座谈

▶　曾宪梓在时任梅州市委书记谢强华陪同下考察母校

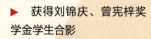

▲　学生在"宪梓教学楼"课室专心学习

▶　获得刘锦庆、曾宪梓奖学金学生合影

归宁活动　东山情深

　　1990年4月1日，曾宪梓校友归宁参加东山中学建校77周年庆典暨彭淡波校友捐建"贤士楼"奠基活动。

▲ 曾宪梓在签名处签名留念

▲ 曾宪梓在来宾接待室接受记者采访

▲ 东山中学建校77周年庆祝大会现场掠影

▲ 曾宪梓在庆祝大会上讲话

◀ 曾宪梓参加彭淡波校友捐建"贤士楼"奠基仪式后合影

◀ 1994年12月3日，曾宪梓校友回母校考察指导，向师生发表了热情洋溢的讲话。他说，现在教育观念要转变，当老师的，首先要教育学生懂得做人，连做人的起码准则都不懂，学再多的知识，对国家对社会也不会有好处。在对学生谈时，他说，做学生一定要勤字当头，在家要帮父母做家务，在校要勤学习，勤锻炼。其次，要注意节约，要懂得做人要忠诚老实，曾宪梓先生特别强调说，勤俭诚信是人的生命力，也是事业的生命力

▲ 1997年12月9日，曾宪梓教育基金会考察团来东山中学考察，曾宪梓伉俪，时任国家教委副主任、基金会副理事长韦钰，基金会理事，国家教委和30个省市教委相关负责人，获奖教师代表及基金会评审专家在宪梓大礼堂前合影

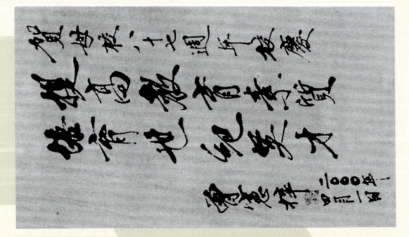

曾宪梓为母校题词 ▲

　　1998年4月1日，曾宪梓归宁母校参加东山中学建校85周年校庆暨"八五祝如纪念楼""豪勉体育中心""雪云纪念楼"落成剪彩活动。

▲　曾宪梓在东山中学建校85周年庆典上讲话。他说：经自己的努力来报效祖国，报效祖国不是今天报效，而是终生报效

▲　东山中学建校85周年庆祝大会主席台掠影

▲ "豪勉体育中心"剪彩时领导、嘉宾、校友、同学欢聚在一起

◀ 曾宪梓出席彭淯波校友捐建的"豪勉体育中心"落成剪彩仪式

◀ 参观"豪勉体育中心"，彭淯波校友向曾宪梓等介绍体育中心情况

▲　曾宪梓出席黎次珊校友捐建的"八五祝如纪念楼"落成剪彩仪式

▲　曾宪梓出席章生辉校友捐建的"雪云纪念大楼"落成剪彩仪式

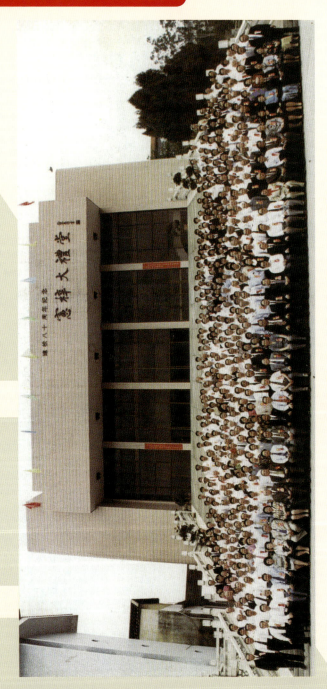

▲ 1998年，出席东山中学建校85周年校庆庆祝大会的领导、海内外嘉宾、校友合影

▲　1999年，曾宪梓在梅州迎宾馆宴请时任梅州市教育局局长温绍权、母校领导和当年教过他的老师并合影

▲　1999年，时任校长杨昭尊等学校领导向曾宪梓赠送《东山丛书》之《萧向荣诗词集》

　　2000年4月1日，曾宪梓校友归宁母校参加东山中学建校87周年校庆活动。

▲　2000年4月1日，曾宪梓校友在东山中学87周年校庆大会前接受东山中学"新芽文学社小记者"采访

▲　热心乡贤、东莞大华实业公司总经理何中华先生捐建的"大华楼"落成剪彩典礼，曾宪梓等出席

▲ 2000年，出席东山中学87周年校庆大会的领导、海内外嘉宾、校友及全校教职工合影

归宁活动　东山情深

▶ 2000年4月1日，曾宪梓归宁母校参加87周年校庆活动。在庆典大会上曾宪梓校友情系东山，由衷地说："我用老师教给我的知识去艰苦创业，如果不是母校对我的培育，不是有祖国的栽培，我能有今天吗？"

◀ 2000年11月17日，曾宪梓，中联办领导，香港嘉应商会会员及时任梅州市政府市长魏潘尧一行来校考察

▲ 曾宪梓向师生作"立志成才，报效祖国"的报告

▲ 2003年12月7日，曾宪梓在时任梅州市政府副市长陈卫平陪同下来校考察，受到全校师生热烈欢迎，并向师生作"立志成才，报效祖国"的报告

► 2002年12月10日，曾宪梓与时任梅州市委书记刘日知、市长何正拔一行到东中考察

◄ 接待室座谈

► 曾宪梓与梅州市委、市政府领导到东中考察后与部分行政合影

▲ 2003年4月24日，曾宪梓宴请1956届老师和同学并合影

▶ 2003年5月7日，曾宪梓在梅州市政府、市教育局领导陪同下归宁母校东山中学，受到全校师生的热烈欢迎

◀ 曾宪梓观看新校区规划设计模型

▶ 曾宪梓与学生亲切交谈

◀ 曾宪梓与学校行政、校友会领导在宪梓大礼堂前合影

► 2005年11月8日，曾宪梓在高中毕业50周年大聚会上作报效祖国的发言

▲ 2005年11月13日，香港特别行政区人大代表考察团来我校考察

▲ 2007年3月20日，由全国人大原常委、香港金利来集团董事局主席曾宪梓博士组织和参加，以香港教育工作者联合会长杨维忠为团长的香港教育界梅州访问团来校访问交流

　　2006年11月2日，曾宪梓邀请中山大学生物系1961届毕业45周年聚会的同学来东山中学参观。

▲　曾宪梓与欢迎师生亲切握手，并询问同学们的学习情况

▲　曾宪梓寄语同学们"四爱""四字"：爱国家、爱公司、爱家人、爱自己；勤、俭、诚、信

▲　中山大学生物系1961届毕业45周年聚会同学在叶帅铜像前合影

▲　中山大学生物系1961届毕业45周年聚会同学在宪梓大礼堂前合影

▲　2007年，曾宪梓参加纪念叶剑英同志110周年诞辰暨梅州市东山教育基地东山中学剑英校区、梅州市职业技术学校、院士广场、亲水公园竣工剪彩仪式后与出席活动的领导和嘉宾合影

▲　2010年7月12日，曾宪梓的夫人黄丽群女士率香港妇女考察团来东山中学考察访问，并在叶帅铜像前合影

2010年8月18日，曾宪梓校友携家人归宁母校参观、指导。

▲　师生欢迎

◀　曾宪梓校友与师生合影

▶　2012年4月，曾宪梓归宁母校东山中学植树

　　2011年4月9日，曾宪梓归宁母校为东中师生举办"情系母校"报告会，受到热烈欢迎，广大师生深受教育和鼓舞。会后为学生签名赠阅《走近曾宪梓》，与学校领导共商学校发展大计，并设家宴宴请学校部分领导、老师和1956、1957、1958届校友。

▲　曾宪梓校友作"情系母校"主题报告

▲　报告会现场

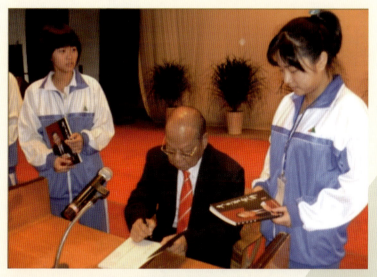

▲　曾宪梓为学生签名赠阅《走近曾宪梓》

▲　曾宪梓为学生签名留念

◀ 2011年4月9日，曾宪梓回母校作"情系母校"演讲后与母校领导合影

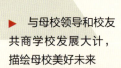

▶ 与母校领导和校友共商学校发展大计，描绘母校美好未来

▲ 2011年4月9日，曾宪梓回母校作"情系母校"演讲后设家宴宴请学校部分领导、老师和1956、1957、1958届校友。图为合影留念

2013年8月29日，曾宪梓归宁母校东山中学考察指导。

▲　曾宪梓与同学们亲切交谈

▲　曾宪梓与母校部分行政人员合影

▲ 2013年曾宪梓在东山中学百年校庆庆祝大会上讲话

▲ 师生热烈欢迎曾宪梓归宁母校参加东山中学百年校庆庆祝活动

▲ 广东梅县东山中学百年校庆合影

　　2015年4月1日，东山中学喜迎102周年校庆，"铁汉生态食堂"落成剪彩仪式在老校区隆重举行。曾宪梓参加剪彩活动。

▲　曾宪梓在"铁汉生态食堂"落成剪彩仪式上讲话

▲　曾宪梓，深圳市铁汉生态环境股份有限公司副总裁、设计院院长陈伟元和校领导及部分校董会成员为食堂剪彩

▶ 1987年，曾宪梓邀请母校东山中学领导和老师到香港考察中小学教育情况，拜会香港中华总商会和嘉应商会的侨领，并与旅港东中校友座谈。图为曾宪梓与母校东山中学领导和老师留影（左起朱文澎、张其标、曾宪梓、罗传厚、叶剑辉）

◀ 2003年，曾宪梓伉俪热情邀请他们的老师张庆培夫妇及同窗参观香港金利来集团中心并合影留念

▶ 2009年7月4日，时任校长梁财生率学校部分行政人员前往梅州城市花园拜访曾宪梓，受到热情款待

▲ 2014年4月26日，时任校长安国强，副校长郭思健，校友会副秘书长钟原方、饶松浪一行，带着东山中学7000多名师生的诚挚问候与良好祝愿，在广州探望了曾宪梓，并衷心祝愿他健康长寿。1956届俞育宏校友陪同

◀ 2018年9月12日，郭思健校长与在校的副校长一起拜访曾宪梓，代表学校全体师生向他送上美好祝福。时任梅州市教育局副局长梁财生、张庆培老师一起参加活动

　　2014年6月27日，时任校长安国强和副校长林铭绪带着东山中学当年高考取得优异成绩的喜讯，代表全校师生前往梅州城市花园探望曾宪梓。曾宪梓祝贺母校高考取得优异成绩，并向安国强校长和林铭绪副校长赠送了由人民教育出版社出版的《曾宪梓画传》，同时亲笔签名留念。

▲　曾宪梓与时任校长安国强和副校长林铭绪合影

▲　曾宪梓向林铭绪副校长赠送由人民教育出版社出版的《曾宪梓画传》

2019年3月30日，时任东山中学校董会董事长叶澄海校友、廖清清伉俪拜访在梅休养的曾宪梓，并赠送了专门定制的镌刻有"改革先锋，东中楷模"字样的纪念品和鲜花。曾宪梓一如既往，信念坚定，乐观向上，幽默风趣，谈笑风生，令人敬佩和欣慰！

▲　两位东中杰出校友，亲切交谈，互致祝福

◀　镌刻"改革先锋，东中楷模"字样的纪念品

▶　叶董事长伉俪向曾宪梓赠送纪念品

　　2019年9月20日16时28分，曾宪梓因病医治无效，在梅州逝世，享年85岁。学校惊悉尊敬的曾宪梓校友不幸逝世，全校师生深感悲痛！曾宪梓校友对母校有着无限的深情，时刻不忘培育他的这片热土。曾宪梓校友去世，国家失去一位热心慈善的企业家，梅州失去一位德高望重的好乡贤，东山中学失去了一位堪称楷模的老校友。广东梅县东山中学为曾宪梓校友的逝世表示深切的哀悼，并发唁电向其亲属表示诚挚的慰问。我们永远怀念曾宪梓校友，愿曾宪梓校友一路走好。

▲　广东梅县东山中学学生沉痛悼念曾宪梓

▶　广东梅县东山中学教职员工沉痛悼念曾宪梓

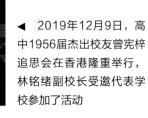

◀　2019年12月9日，高中1956届杰出校友曾宪梓追思会在香港隆重举行，林铭绪副校长受邀代表学校参加了活动

第三部分

半世相逢　少年如风

　　1951年，曾宪梓入读东中初中部，1956年，东中高中毕业。1957年，曾宪梓考进中山大学生物系。1953年，东山中学被定为广东省重点中学，学校声誉日隆。东山人在这片热土上耕读，老师们在三尺讲台倾注满腔心血，春风化雨，只盼培育英才；学生不负春光，发奋攻读，立志以才学报效国家。东山岌上，千佛塔旁，木棉树下，书声琅琅，书香满溢。1953年东中高考升学率位居全省之首。"大跃进"和随后的三年经济困难时期，东山人面临严峻挑战。但艰难困苦，玉汝于成，在时代的阴云中，"勤俭""勇敢"引领东山人走向了自给自足的传奇道路；即便困顿，"好学""勤奋"指引东山学子写下了精神世界里的绚丽篇章。曾宪梓在东中就读的六年里，师生们的物质是贫乏的，但东山人的精神世界却是丰富的，追求精神享受每每使东中师生神采飞扬，也让师生间的感情日久弥坚。曾宪梓的青春模样是可爱的，他刚强、正直、热情、真诚、勤勉而有担当，这些都镌刻在老师和同窗的脑海里。

勤俭诚信　学子榜样

——记张庆培老师眼中的曾宪梓

1954年大学毕业后，我被分配到家乡梅县东山中学任教，直至届龄退休。这期间，曾与曾宪梓同学同一学校，年龄仅差三两岁，名为师生，实为兄弟，亦师亦友。

曾宪梓，这位平凡而高雅的名人，是人才荟萃的中华名校——梅县东山中学的毕业生，学习勤奋，热爱运动，曾经是学校篮球队队长，是德智体全面发展的优秀学生。求学时在体育中锤炼的坚忍品格，为其日后的功成名就奠定了坚实的基础。毕业后，因家境贫寒，他致力经营金利来集团，冀事业有成，以报效祖国。

记得学生时代，在松山堂课室上课，谈及侨贤刘宜应、刘家祺捐献事时，他曾大声说："将来我事业有成之日，一定捐一座比松山堂更漂亮的教室给母校。"他果然说到做到。1978年，即捐了一座当时梅州市外商投资最大的"宪梓教学楼"给东山中学；2004年，当听说学校准备维修有历史价值的东山书院时，又捐了25万人民币支持修建；2005年，当我们建议在毕业离校50周年之际给母校留下一份厚礼时，这建议像电流般触动了他报效母校的心灵，他又慨然应允，立即爽捐100万人民币兴建一座"宪梓运动场"，并亲自从香港打长途电话给我，让我转告杨校长"运动场要早建成，学生才能早受益。"此外，他还捐了"宪梓大礼堂""宪梓图书馆"等建筑。

可以说，他的这些善举，既是对东中母校春晖浩荡的真情回报，也是对祖国母亲培育隆恩的笃实奉献。他的"大款"胸怀，他的无私慷慨，真令人敬佩。

后来因为在校友会工作的缘故，我与曾宪梓有了更多的接触。在与他接触的过程中，更是深刻感受到他那尊师爱校爱国的情怀。虽然他忙于国务、港务，但是逢年过节总是不忘给老师们打电话问候，了解近况，邀请老师们一起促膝谈心或到香港观光旅游。他如此谦恭下士，平易近人，真是难能可贵。曾宪梓还常常说这样的两句话：一句是"对同胞，有恩必报，有仇不报"；另一句是"戴帽子合适就好，不合适的帽子千万不要戴"。由此可见，他是一个懂得感恩、心胸开阔、淡泊名利、实事求是的人。而他一生都奉行"勤俭诚信"四字，成就了非凡事业，终生报效祖国。这已成为宪梓精神，一直激励着后人。

曾宪梓一生光辉，鲜艳夺目，誉满中华！

（林笑、谢秋宜整理）

他终于穿上3号球衣

黄绵喜

　　我和宪梓从读初三起，便与东山中学篮球队结下了不解之缘。那时，因上届球队的主力队员毕业离校，球队处于青黄不接的断层时期。俊昭老师为健全球队的组织，缩短衔接时间，强化新手训练，急需选拔一位队长。细心观察，发现宪梓体魄健壮，组织能力强，潜质好，但篮球基本功不够扎实，技术一般，刚性有余，柔性不足。若将他勉强提为队长，势必难以服众。所以，当务之急是要提高他的篮球水平。

　　请将不如激将。俊昭老师私下找到宪梓，对他说："你其实不是打篮球的料，但你好学，有毅力，若能刻苦训练，或许还能行。"这一激，宪梓既没生气，也没气馁，反而激发了他的潜力，激发了他的热情。他暗下决心：你说我不行，我偏不相信。从此以后，他更加严格要求自己，严肃认真地对待每一次集训，不怕苦不怕累，每一个动作都一丝不苟地完成，力求准确地掌握动作要领，达到训练的要求，常常超时超强度训练。在球队分组进行对抗训练时，俊昭老师有意识地把原来打后卫的宪梓调去打中锋，以此对其进行针对性训练。宪梓上球场如上战场，全力拼搏，俊昭老师则在场外做技术与战术的指导。宪梓聪明睿智，一点就通，球技进步神速。短期内便掌握了运传拨球的基本技巧及快速打法的三要素——快、准、狠，初具场内指挥能力。

功夫不负有心人。在俊昭老师的精心培育下，宪梓从不是"料"变成了"才"，实现了自己暗许的诺言，终于穿上了每个队员都羡慕的3号球衣，当上了队长。东山中学篮球队新的领军人物诞生了，球队的整体战斗力也形成了。为检验训练成果，积累实战经验，在队长的带领下，我们曾与各校球队进行友谊比赛，战果不错，初露锋芒。我们曾被铭辚老师称为"好战分子"。正是因为好战，东山中学篮球队才开创了长达数年的鼎盛时代！

在那段时间里，每次全县运动会或梅江学联组织的校际篮球比赛，东山中学篮球队所向披靡，斩获颇丰，可谓称霸"学界"。获得如此优异成绩，队长功不可没。但东中篮球队并非战无不胜的常胜将军，我们最终还是败于师父俊昭老师为队长的教工联队，无一胜场。这不奇怪，徒弟打不过师傅嘛！后来我俩都参加了梅县篮球队，战绩辉煌。

他喊我"细妹老师"

刘绮元

欣闻宪梓捐资1亿元给第29至32届奥运会中国队金牌获得者的消息，联想起20世纪50年代，宪梓在东山中学读书时，因长得高大，上进心强，又喜欢篮球和足球，因此被选为学生会体育部部长，感慨良多。他的几则逸事，我终生难忘。

知错就改

因爱好篮球，一到课外活动宪梓就来体育组借篮球。一次，他笑嘻嘻跑到体育教研组，一进门就大声喊："细妹老师，借个篮球活动活动。"话音刚落，遭到组长李老师严肃批评："没规没矩，没大没小，老师就是老师，叫什么细妹老师！"宪梓挨了批评，当即表示改正。后来果真改了，再没叫我"细妹老师"了，而我却依然深深怀念着那句"细妹老师"。

说到宪梓知错就改，还有这样一件事。

一次年级进行篮球比赛，因裁判失误，宪梓所在球队输了球，他便大发脾气，把篮球从运动场扔到马蹄形足球场。这样的做法实在是有伤同学情谊，他自己也觉得太冲动，后经老师教育，他迅速认识到自己的错误，并且做了深刻反省。

宪梓知错就改的态度，得到很多老师的认可。久而久之，大家都喜欢上了这个曾经有些小调皮的学生。

相信自己是第一

1953年，曾宪梓参加东山中学校运会100米短跑比赛，得了第二名，他高兴得手舞足蹈，匆匆跑来体育组报喜。

"你输了！"体育组组长李老师这样说他。

宪梓不服气道："学校那么多人参加比赛，我跑了第二已经很不错了。""你用不着跑在任何人后面。"李老师严肃地说。

显然，这句话带给宪梓的冲击是不小的。在以后的百米短跑中，他果然一直跑第一。而他创下的纪录，在东中接下来的50年里都没被打破。他说他从来没敢忘记体育组组长的教诲：你用不着跑在任何人后面。

是的，生活中，敢于争先，敢于开创的人，往往都会有收获。这句话让宪梓领悟到：做人，特别是要做个成功的人，必须得有信心，必须相信自己能拿到第一。

以上就是我这个"细妹老师"对宪梓的印象。一晃半个多世纪过去了，虽然再也没听见宪梓叫我"细妹老师"，但这个称呼却深深刻在我的脑海里。

注：作者原是东中一位年轻女体育老师，和曾宪梓先生同年。客家话"细妹"就是小女孩的意思。

热爱体育运动　支持体育事业

林孟光　潘莉

2008年5月2日，北京奥运火炬在香港文化中心至金紫荆广场长达26公里的路线上传递，受到沿途几十万群众的热烈欢迎，当我们看到宪梓作为香港年龄最大的奥运火炬手，坐着轮椅一边传递火炬，一边高呼"祖国万岁！中国加油！"的激动场面时，我们为宪梓老同学欢呼鼓舞，为他感到骄傲和自豪。宪梓自幼热爱体育运动，几十年来一贯热情支持祖国体育事业发展，他所建立的功绩一桩桩一件件浮上心头。

酷爱体育运动的曾宪梓

宪梓小时候穷得吃不饱穿不暖，既买不起球也买不起鞋，可不管条件怎么艰苦也挡不住宪梓对足球的痴迷。我们家乡梅县盛产柚子，当柚子挂满枝头的季节，宪梓一有空就邀小伙伴爬上柚子树摘柚子当足球来踢，不管是在操场上还是在路边或是野地里，一个个皮小子光着脚丫就"疯"踢开了！脸上挂满了汗水与欢乐，踢到哪里就把喧闹与笑声带到哪里。没成熟的柚子硬邦邦的，把小脚丫踢得通红，他们也不觉得疼，还直嚷嚷"真过瘾哪！"在梅县东山中学读书期间，我和宪梓虽然不在同一个班，可我们俩都当选为校学生会干部，我当时任学生会副主席，他是体育部部长兼篮球队队长，工作联系比较多。我清楚记得宪梓是学生会中最认真负责、自觉性强的部长之一，属于"无需扬鞭自奋蹄"类型，上级把工作任务布置下来后，宪梓行动迅速，雷厉风行，成绩卓著，体育部经常得到表彰。我本人也很喜爱体育锻炼，体育部组织什么活动我都热心参与。

我平日仔细观察，注意到之所以宪梓每次组织体育活动，同学们都能够热烈响应，主要源于他这个部长事事起模范带头作用，"榜样的力量"就是号召力和凝聚力！同学们平日里跟着他积极锻炼觉得快活！比赛时跟着他"冲锋陷阵"力争上游觉得很有意思，"人生难得几回搏"嘛！就说早操吧，宪梓每天总是早早起床洗漱好，5点一到就领着大家一边跑一边扯着大嗓门喊"锻炼身体，保卫祖国；锻炼身体，建设祖国！"透着一股子精气神。宪梓和他的篮球队队员们除课余时间经常出现在篮球场上练习之外，连课间也要"见缝插针"地到篮球架下投篮、拼抢一气儿，个个皮肤晒成了健美的古铜色，球类技艺练就较高水平。

虽然平时学习很紧张，在宪梓的带动下，同学们课外活动丰富多彩，身体素质也不断增强。只要有体育比赛，作为校学生会体育部部长的宪梓总是兴致勃勃地组织同学们积极参加。"备战"时热火朝天、"参战"时生龙活虎。冠军常常是非我们东山中学莫属。宪梓跑百米11.8秒的速度接近当年广东省的纪录，此纪录在本县保持了相当长一段时间。各级领导的奖励，老师们同学们的赞扬，使得宪梓深感为集体争光的荣耀。同学们锻炼身体增强了体魄，身为体育部部长也很欣慰，从而促使他抓体育工作越来越起劲，参加体育锻炼也越来越活跃，形成了良性循环。

宪梓考上中大后，还喜欢上了水上运动，并参加了广州航海俱乐部，成为一名划船队员，还曾经到青岛去参加比赛。他虽然不是体育专业人士，但却从小到老酷爱各项体育运动。体育运动带给他许多的欢乐，练就了他强壮的体魄，助他养成了良好的习惯，尤其是培养出了顽强的斗志、坚韧的毅力和不服输的精神。这种精神给他在创业和发展的道路上带来无穷的力量，使得他得以度过那些熬夜缝制领带、挑担沿街叫卖的艰苦日子直至创造出国际知名品牌，伴随他从一贫如洗的穷小子成为事业红火的亿万富翁。直到现在坐在轮椅上，每天都要靠血液透析才能维持生命的情况下，他仍然风雨无阻，天天坚持到游泳池活动一个多小时，顽强地与病魔做不懈的斗争！一天也离不开体育运动。曾经因为换肾手术失败而被医生宣布最多只能活3个月的宪梓，竟然挺过了10多个春秋！是体育运动延续了宪梓宝贵的生命，是永不言败的体育精神支撑宪梓创造着生命的奇迹！

一贯鼎力支持祖国体育事业

宪梓酷爱各项体育运动，与体育结下了不解之缘，是体育运动让宪梓活得快乐，助宪梓事业走向成功，延续了宪梓的宝贵生命。体育运动是宪梓生活的重要组成部分。宪梓是个心里永远有祖国的人，祖国人民的健康与体育运动是紧密相关的，所以宪梓几十年如一日坚持不懈地鼎力支持祖国体育事业的发展。

早在20世纪80年代，改革开放不久，百废待兴，国力不强，物资匮乏，体育基础设施很差，许多中学连个像样的运动场所都没有。宪梓看在眼里急在心上：当祖国人民的体育运动的开展受到很大的限制，特别需要有人出来支持一把，带动一下的时候，自己应该毫不犹豫地立即付诸行动，为中

国的体育事业出钱出力才对！于是，从1985年起，他就捐资
建设梅县体育场，之后又在相邻的兴宁县、五华县、平远县
等地也捐建了体育场。随着时间的推移，由他捐建的体育场
馆遍及许多省市和地区。

为了推动全国各地足球运动的开展，他首先在全国足球
运动群众基础比较好的"足球之乡"梅县和"足球城"大连
市举办"宪梓杯"足球赛和"金利来杯"足球邀请赛。我是
大连理工大学的物理教师，记得1987年6月初的一天，突然
接到消息说，宪梓到了大连，要来看我这个老同学。见面叙
旧之后，才知道他是和国家足球队原教练曾雪麟带领香港愉
园足球队来参赛的。接着他又资助全国足球甲级联赛……也
是在20世纪八九十年代，宪梓的事业刚刚有点起色，还没有
挣到多少钱且身体因为长年劳累，健康已经出现问题，我们
很替他担心的情况下，他不但捐出资金，还放下公司繁忙的
业务，亲自陪国家足球队辗转到新加坡、马来西亚、泰国等
地参加比赛。而且通过他在这几个国家的朋友，让队员们吃
好、睡好、休息好。他还到比赛场上和啦啦队一起为中国加
油助威！队员们都亲切称呼他为"后勤部长"，和他相处得
非常融洽。当时的教练苏永舜，队员容志行、古广明等都成
了宪梓的好朋友。

宪梓为"发展体育运动、增强人民体质"，使中国屹立
于世界体育强国之林，几十年来不遗余力地奉献着。记得
1984年中国第一次参加奥运会就获得了金牌，全国人民无不
欢欣鼓舞，拍手叫好。是运动员们长了中国人民的志气，宣
告了中国人民绝不是什么"东亚病夫"。宪梓在高兴的同时，
萌发了不惜重金奖励奥运金牌运动员，以激励更多的运动健

儿为祖国争取更多的荣誉的念头，并立即付诸行动，每届如此，从不食言。以第26届奥运会为例，宪梓慷慨解囊给获得冠军的16位运动员每人50万元的奖金，同时奖给获得十佳运动员称号者每人一张用重量为一市斤的纯金制作的纪念金碟，加上评选十佳运动员所需活动费，共计为人民币900万元和港币58万元。这在1996年堪称重奖我国奥运健儿的"大手笔"！2005年，他又为建设国家游泳中心"水立方"，带头捐献了人民币1000万元。据不完全统计，他历年来对体育事业的捐赠已达人民币4000余万元、港币1000余万元。

为什么宪梓能够在自己尚未有太大的经济实力并且自身深受病痛困扰的情况下就毅然开始赞助体育事业，直至如今事业辉煌却已是重病缠身，几十年如一日不改初衷地坚持为报效祖国（体育事业只是其中一部分）劳碌奔波，出钱出力呢？其根源在于宪梓出身贫苦，是新中国的阳光雨露培养出的一位"受滴水之恩以涌泉相报"的爱国者。他心中牢牢地树立着一个信念："祖国有恩于我，我必须终生回报祖国。曾宪梓不死，我对祖国的回报就不会停止。"就是此拳拳赤子之心强烈地驱使着宪梓在祖国需要的时候勇往直前、无私奉献。

祖国人民的肯定是最高褒奖

宪梓在国人的心目中是一位热爱体育运动，热情支持祖国人民体育事业的爱国人士，大家尊重他、热爱他，许多社会团体纷纷诚挚欢迎、热情邀请宪梓参加，以推举他为本社团的带头人为荣。大连足球学校聘他为名誉校长，中国大学生足球协会聘他为名誉主席，中国足球协会聘他为顾问，广东省足球协会聘他为名誉主席，广东省体育总会聘他为名誉主席，香港公民体育会聘他为名誉会长，广东省体育运动委员会还授予他广东省体育荣誉奖章。中央领导、北京奥组委也认为宪梓不愧是香港商界热心支持中国申办北京奥运会、在国内外享有盛誉、具有一定影响力的代表，所以，特聘他为2000与2008两届北京奥申委的顾问，为北京奥运会的成功举办出谋划策、出钱出力。这次宪梓能从申请报名参加北京奥运火炬手的众多竞争者中胜出，充分说明祖国人民对他多年来热爱和支持体育运动事业的功绩的肯定，也是对宪梓的最高褒奖。实践证明宪梓不负众望，为2008北京奥运会做出了杰出的贡献。

　　曾宪梓作为奥运火炬手所传递的体育精神永放光芒！

3388号曾宪梓星　从东山中学起飞

张洪珊

1950年梅县解放，学校的大门向贫穷的孩子敞开，那年秋天，曾宪梓和我们一起考进东山中学。

东中是一所具有光荣传统的学校，学校以"勇、俭、爱、诚"为校训，以"认真办学，严格要求"为一贯方针。培养出数以万计的优秀毕业生，他们遍布世界五大洲，遍布中国大地每一个角落。在东中的环境里，宪梓如饥似渴地刻苦学习。6年里，德、智、体全面发展，为日后成为著名企业家、国家栋梁打下坚实的基础。

胸襟宽广

解放初，东中校园美丽温暖。师生关系、同学关系、师生与工农关系和谐、融洽。学生尊敬老师，老师爱护学生，那时学生称呼教师不是称先生，而是尊称伯。如：称物理张弼弘老师为弼伯，称化学李恭祥老师为恭伯，称数学李巨昌老师为巨伯。称呼工友们为哥。如：称准时司号的赖炎贵为炎贵哥，称勤勤恳恳为大家服务的李根祥为根祥哥。同学中间则流行称小名，例如：大头、大眼、青筋、铜锣等。而宪梓小名最奇特，大家称他为"哟肚"，这是因为他身材高大，刚穿上蓝色衣服时，衣不合体肚皮突出，看起来像俄文字母"e"形状，故被叫"哟肚"。对此，他毫不在意，拍一下肚皮一笑了之，引起同学哄堂大笑。宪梓对人随和，人缘好，无论与哪位同学都谈得来，大家有什么困难，有什么想法都愿意找他谈。

在东中6年里，他与全校每一位老师、每一位工友都相处得很好，同学对老师有什么意见他都及时转告，各科教师有什么要求他也及时转告给同学，起到了总科代表的作用。宪梓气量大，你跟他谈什么都可以，你在他面前说他的怪话或骂他都可以，他有气吞山河的气概，有同学称他为"恰似胸襟宽广的大肚罗汉"。

争挑重担

1953年，县土改胜利结束，分得土地的翻身农民，干劲十足，深耕细作，再加上科学种田和管理，秋收时，沉甸甸的稻谷铺满片片稻田，像无边无际的金色海洋。为了实现颗粒归仓，学校组织全校师生员工到附近农村参加抢收抢种。

活动是以班为单位到学校附近的芹菜洋抢收稻谷。那天我们班高擎红旗，沿着梅江河堤经过齐州寺，来到芹菜洋的一座小山脚下，田边的农民热烈欢迎我们，给我们端茶端水，叫我们先休息后再下田收割稻谷。这时，宪梓一口水未喝，拿起镰刀第一个下田割稻谷。瞬间，一茬一茬的稻秆整整齐齐倒放在禾篮里。在他带动下，一大块田的禾很快就收割完。我们将割下的稻谷挑到禾坪上，水田离禾坪不远，但路窄且路旁有小水沟，田里的泥土湿软，一脚踩下去一个深窝，只好两人抬一禾篮；而宪梓却不同，他一个人拿起扁担挑起上百斤重的两个禾篮飞快地跑。当一轮红日落山时，我们已出色地完成任务，唱着"解放区的天是明朗的天"愉快地回到学校。

1953年冬，在人民政府支持下，学校组织全体师生员工开发马蹄形球场。马蹄形球场原是一个山沟，沟坡上荆棘野草丛生，沟底是终年不干的水田，沟口是一口鱼塘。那天，我们开了动员会后就开工。首先是清除荆棘杂草，正当大家用铲子除草时，有一位同学拿出火柴点燃杂草，霎时间火光冲天，野猫、毒蛇、黄蜂、老鼠四处逃窜，我们就追打，非常热闹。接下来是利用课外活动时间分班劳动，宪梓是班体育委员，每次劳动都是他带队，挑土时我们挑两畚箕，而他却挑四畚箕还跑得飞快，休息时他还带领大家唱《团结就是力量》等歌曲。虽然这些事情已过去了半个多世纪了，但宪梓当年勇挑重担的形象至今仍历历在目。

50年代初，没有收音机、有线广播，校园里只有黑板报。我们班上的黑板报稿源充分，就是缺少抄写人员，大家都怕字写得不好。宪梓主动承担抄写任务，经常利用晚上和星期天的时间抄写黑板报，其任劳任怨的精神让我们感动。

聪明好学

东中是重点中学，也是爱国华侨捐献支持兴办的华侨中学，校园环境优美、教室明亮、设备齐全，更有优秀的校长和老师。宪梓在这里克俭、自爱、自信。他有聪明的大脑和勤学好问的作风，加上有一套好的学习方法，所以他能战胜一切困难，攻克道道难关，取得各门功课优秀的成绩。

化学课程，我们感到108个元素的周期表最难记住，李恭祥老师将周期表编成顺口溜，宪梓很快记住了，他抓住这个重点，掌握了化学元素的分类、价数、性质和化学反应方程式，化学考试成绩都是优良。做化学实验时，他胆大心细做得快而且好，老师经常叫他做实验示范。有一次做金属钠的实验，是将一小片金属钠与水进行化学反应，由于反应过程中钠会自燃、发光和爆炸，大家都有点害怕不敢动手做实验，宪梓却按操作规程很利索地第一个完成实验。这大大增强了我们的信心，大家顺利地完成实验。东中有个规定，做完实验后要写包括实验名称、实验目的、实验方法、使用仪器、实验过程和实验结果的实验报告，大家感到麻烦，只是应付了事。宪梓却非常认真地写好实验报告，还用图形表示实验过程，经常得到老师的表扬。

中学六年，大家感到最难学的是立体几何，由于掌握了点、线、面、体和边角关系的基本概念，加上善于思考，宪梓每次考试都能取得好成绩。

高二政治课，学习《中华人民共和国宪法》，很多同学对其中的政府机构、军队、警察、法院很难记住，宪梓从国家的含义，宪法是国家根本大法定义出发，很快熟练掌握了宪法的内容。课堂上，老师提问时，他总是举手发言，有条有理地回答问题。

酷爱篮球

宪梓是运动场上的积极分子，他每天早上6时起床，接着到操场上做广播体操、举石担、做引体向上、爬杆、爬绳等；下午课外活动时间，就打篮球。他身材高大，不足的是跑动速度稍慢，为了打好篮球，他下决心天天练短跑，一是每天安排时间在球场上跑圈圈；二是在东山岌的山路练变速跑；三是经常练跳绳、小步跑。经过长时间的锻炼，他的短跑速度和冲刺能力提高很快，获得梅县百米第一名，成了东中篮球飞人，成为球队主力、篮球队队长。由于有宪梓等优秀队员，加上梅县众多球迷的支持，东中篮球队在几届梅县运动会上都获得冠军，为学校争得荣誉。班里52位同学个个身体健康，胜利完成学业，走上建设祖国、保卫祖国的道路。

感恩是一种情感，知恩图报是一种高尚的情操。

新中国成立前，宪梓家境贫穷，经常无米下锅，靠吃番薯、米糠、野菜等艰辛度日，靠向亲友借钱交学费勉强读完小学。新中国成立后，有机会读书，并且领甲级助学金读完中学。在具有革命传统的学校里，打下扎实的文化和科学技术基础，锻炼出结实的身体，学会了做人的道理，这一切都是共产党培养的结果。在中学，他最喜欢唱的歌就是《没有共产党就没有新中国》，最常说的话就是"没有共产党就没有曾宪梓""共产党挽救了我，共产党培养了我，祖国人民培养了我，我一定要报答党报答祖国人民"。

几十年艰难创业，他成功了，成为世界知名的企业家。现在他还在勤勤恳恳地工作，不分昼夜地奋斗，他把挣来的钱"一部分继续发展事业，一部分用作回报祖国"，他已把挣来的8亿多元捐献给祖国（设立教育基金、慈善基金、航天基金、体育基金），他在全国很多地方兴建学校，发展文化事业，他设立基金奖励各条战线的优秀人才，在各地修桥、修路、修球场、修公园。心里时刻想着祖国人民，当内地发生水灾、旱灾、雪灾、地震时，他心里很难过，都慷慨解囊大力支援。他活在世界上的愿望只有一个，就是"报效祖国"，"报效祖国不是说今天报效，而是终生报效祖国"。

现在，世界上流行球星、影星、笑星、寿星。但好多星都比不上曾宪梓星，这是因为曾宪梓星是共产党培养的，是无数优秀师生员工和劳动人民托载的，从梅县东山中学起飞，经过漫长曲折的历程，经过暴风骤雨，冲破无数艰难险阻，飞向太空的。现在，小行星3388号被南京紫金山天文台发现并命名曾宪梓星，这颗星正沿着党指引的轨道运转，永远闪闪发光。

宪梓常怀感激，常常感恩，他希望社会变得更和谐，家庭更美满，人们更幸福。

至深同窗情 至真赤子心

黎昶富

我和曾宪梓先生是梅县东山中学1956届高中同级的校友，我在甲班，他在戊班。当时很少来往，彼此并不了解，可我对曾先生却有较深的印象，这源于体育。

曾先生身材魁梧，体育天赋好，在短跑、篮球等方面都有较高的造诣。1955年暑假，汕头地区田径分区赛在梅县东校场举行。那天，我经过田径场，曾先生正和两位队友聊天，他惋惜地说，昨天400米决赛没跑好，只得了一块黑色氧化铜（即铜牌）。可见曾先生在体育竞技方面是追求完美、追求极致的。

时光流逝，高中毕业二十多年后，20世纪70年代末，我听说曾宪梓"发"了，成大老板了。除了体育，我对曾先生其他不甚了解，也不知道发了财的他会怎样对待我们这些穷校友。不久，有消息从香港传出，某日某时某老同学心怀忐忑，找曾先生求援，不期却得到热情接待，问题尽解。消息像长了翅膀，此后找他帮忙的老同学逐渐多起来，但曾先生不厌其烦，乐此不疲。老同学来了，他先送上名片，告知联系地址和电话，随即开门见山："有困难尽管来找我。"简单一句话，暖了老同学的心，还是同窗亲！

曾先生不因财多而傲慢，且乐意助人，这种美德一时间在1956届同学中广为传颂。有困难的校友也都壮着胆子向这位老大哥（曾先生比一般同学年长几岁）求援。细数起来，受过曾先生资助的校友不在少数。同学李耿光、邹志友受资助出国留学；黄清英、钟六娇、田鑫泉、钟汉章、黄绵喜、张孟丹、叶正忠等在物质方面得到曾先生各种帮助。值得一提的是：叶少举、叶正忠、张作镫、李湧培、侯于清等同学曾在政治上蒙受委屈，当时平反无门。他们向宪梓学兄倾诉，曾先生立即和有关部门联系，问题很快得到妥善解决。更难得的是，曾先生得悉钟六娇、李干文两同学病重后，特地从香港打电话宽慰……曾先生对老同学的关怀无微不至！说实在的，受曾先生帮助而解困的同学，有很多是他在东山中学念书时并不认识的。

在曾先生的感染下，我们级是东山中学有史以来最团结、最有凝聚力的年级。毕业40周年、50周年回母校庆祝时，我们发动全体毕业生撰文汇编成《东山情愫》一书，另外还编辑了《东山心旅》一书，这是首创，主要得益于曾先生物质上的慷慨资助和精神上的全力支持。

有人说，高中后我们开始懂事，大家在为争取优质生活而奋力拼搏，过程中，凝聚的同窗友谊，纯洁真挚，是人生的一笔宝贵财富。对此，东中1956届的同学有着异常真切的体验。20世纪80年代，中英双方香港回归会谈尚未开始，曾先生考虑到很多人想看看香港但难觅机会，于是他出面组织梅县的老同学（及部分老师）一行27人到香港一游。曾先生在时间、精力、财力等方面花费不少，更难能可贵的是各方面都体贴周到。至今，每年他都组织在港的老同学聚会，以增进彼此情感，老大哥的形象深入人心。

1956届同学毕业50周年庆祝大会上，曾先生的友爱表现得淋漓尽致，值得一写。那天，他和全体校友一起参加东山中学新校区奠基，并在大会上声音洪亮、热情洋溢地讲话一个多小时，还参加了分班讨论。会后，专门在金利来（梅州）公司大厅设席几十桌宴请老同学及到会家属。曾先生的夫人及子孙也来了，并和大家一一见面，场面温馨极了！曾先生知道老同学都有和他合影留念的愿望，早早在金利来公司大门口摆上一张藤椅，安坐其中，等待大家和他合照，来者不拒，皆大欢喜。我和曾先生那张合照不知是表情美还是拍摄角度好，竟被《梅州日报》编辑相中，在该报大幅刊登，真是开心。曾宪梓先生是一位爱国如家，爱乡如命，爱同学如亲兄弟的有情人！

记忆中曾宪梓的感人事例

黄振兴

在梅县东山中学读初中时，有两年的时光我与宪梓住在同一寝室。高中阶段虽不在同一个班，但在同一个年级、同一层楼学习、生活，朝夕相处，联系密切，回首往事，记忆犹新，历历在目。他的言行、音容笑貌会浮现在我的脑海中。宪梓有今天的成功，是因为有一贯严格要求自己，有明确的奋斗目标，有顽强拼搏、永不言败的精神。

新中国成立前，宪梓因家境贫穷无法继续升学，新中国成立后才获得升学的机会，内心十分感谢党和政府，积极向组织靠拢，努力争取入团（新民主主义青年团）。有一天傍晚，我们一起往教室走，准备自习功课，他很认真地对我说："我想申请入团，请你和肖佛泉同学做我的入团介绍人。是共产党和人民政府才使我有上学的机会，我一定会按照党的要求去做。"他言行一致，为此不断努力。联想他后来满腔热情，爱国、爱港、爱乡，报效祖国，慷慨大方乐于助人，这些行动绝非偶然，是他一贯追求的目标。

初二下学期，我妈妈不幸得了重病，住进黄塘医院，我经常要从东山状元桥到黄塘医院去看望她。开始都是步行，宪梓看到我每次如此辛苦，便主动用自己的一部旧自行车搭载我去，后来我学会骑车了，他便把自行车借给我，帮我解决一大困难，更重要的是使我的学习没有受到太多的耽误。1998年冬，我夫人不幸得了原发性血小板增多症。此事传到宪梓那里，1999年三四月间我们接到他的电话，电话中他极力安慰我们，曾夫人黄丽群女士在电话中还十分动情地插话说："阿六有困难，我们一定要帮忙，如果有需要用的药，我们可以在香港买来寄给你。"最后，宪梓说："先寄上一万元，给阿六作营养费，以后有困难时再联系。"不久，宪梓派专人将款项送到我们家里。此事虽已过去将近十年，但每当我们回忆起，内心依然非常激动，非常感激。

宪梓热爱祖国，与祖国同呼吸共命运，坚决拥护中央各个关键时刻对香港的各项决策。他立场鲜明，是许多人所熟知、敬佩的。香港回归前后，宪梓拥护中央各项决策，立场坚定，由于政见分歧，个别别有用心的人到宪梓居所滋事，放火焚烧了两辆汽车。我在电视上看到焚烧场面后，特地打电话给宪梓表示安慰并请他注意安全。宪梓面对暴行，毫不畏惧，他坦然地说："这是个别跳梁小丑给我一点颜色看看，企图动摇我的原则立场，但我曾宪梓不会被吓倒，不会放弃原则，爱国无罪。"这掷地有声的话语使任何一个有良知的人听后都会肃然起敬。

宪梓的崇高精神，我将铭刻于心，并努力向他学习，爱我们的祖国。

情谊深深

——"相约2006"聚会感言

林孟光

2005年的11月7日下午，来自祖国四面八方的东山中学1956届5个班的98名同学，陆陆续续地朝梅州客都大酒店的方向走来，出席期盼已久的"相约2006"校友大聚会。五十年前的我们华风正茂，如今已年届古稀，两鬓斑白，彼此久别重逢，往往一时辨认不出来，经介绍才恍然大悟，热烈握手，亲密拥抱，许多同学甚至流下了激动的眼泪。

这次"相约2006"的聚会，是以张庆培老师为顾问，梁昶环、李干文为召集人，由21人组成的筹委会领导下实现的。他们精心策划，四天（11月7日～10日）日程，紧凑有序，除第二天集中开会外，其他为参观学习，最后的晚上为大联欢。

2005年11月8日早上，我们来到刚修复好的"东山书院"参观了同学们在各条战线中奋斗半个世纪的成果展览。展览分成峥嵘岁月、同窗翘楚、千江明月、高山流水四部分。展览的前两部分主要展示1956届的代表人物曾宪梓博士的光辉事迹。作为当年我们学生会的体育部部长，他领头奔跑在篮球场上的矫健身影，大家仍然记忆犹新。半个世纪以来，他之所以从一个穷学生，成长为一名商海中的杰出代表、祖国人民心目中的爱国人士、全国人大常委会委员，主要源于他知恩图报的拳拳爱国心。

他一再说："我是共产党、新中国培养出来的，是党和国家支持了我的事业，也是党和国家挽救了我的生命。"他多次强调："我一生追求什么？追求终生报效祖国！"他说到做到，把辛苦经营赚来的钱，很大一部分都捐献给了国家。从1978年开始，到2005年底他累计捐献给国家的钱有五亿七千万元，惠及我国教育、奥运、航天事业等各个领域。

五亿七千万是个什么数字？它相当于给国家建设初期的全国五亿四千万同胞，每人一元还多的费用。这是何等的壮举！他的行动，带动港、澳、台同胞和海外华侨、华人纷纷解囊支持祖国和家乡建设，既对祖国社会主义现代化建设做出了巨大贡献，又提高了金利来集团和他本人的声誉，使"金利来"产品也更好卖，从而他对公益事业的捐献也越来越多了！所以同学们都赞誉曾宪梓无愧是1956届的翘楚！

第三、四部分所展示的是我们各班同学的经历和业绩，以及与老师的情谊。

我们中有博士1人；教授23人，其中博士生导师、硕士生导师9人，享受国务院特殊津贴的专家6人；副教授级的各类高级人才101人；部队军官享受将军级待遇的2人，大校军衔级的7人；一大批工商界的精英；担任副处级以上领导干部的有35人，称得上人才济济。这些同学的业绩就像千条江河汇集成大海似的浩浩荡荡、波澜壮阔。他们尊师爱校，五十年了，还念念不忘老师的辛勤栽培，当年老师亲切教导，在课堂上一句一句领诵诗词的情景，仍然历历在目。他们与老师的情谊源远流长。母校老师们团结、敬业、互助、热爱党和人民的精神风貌，是东中学子们受益终生的宝贵财富。

我受筹委会的委托主持了主题大会，主题大会在188名同学（偕同夫人）与当年的老师合唱校歌声中隆重开始。会议包括三项议程：筹委会代表梁昶环致词；三位代表发言（校长杨昭尊代表母校、刘俊文代表教师、曾宪梓代表同学）；4个赠礼仪式。台上每位发言都热情洋溢，诙谐风趣，台下师生们不时报以热烈掌声或开怀大笑。每项赠礼更是表达了全体学友尊师爱校的拳拳之心。

梁昶环在致词中说："半个世纪以前，我们都是迎来新中国阳光的孩子，从四面八方聚集到东中摇篮，同窗剪烛，金兰契友，结下永世的情缘；当我们作别东山校园，走天涯，奔海角，摸爬滚打了半个世纪之后，又重聚东山，情缘无价！这次相聚不仅为了追忆逝去的时光，漫话平生的甜酸苦辣，而且也出于一种期待——愿尊师爱校的火薪代代相传！"他的这一席话，道出了我们这次聚会的两个宗旨：追忆过去；尊师爱校。

在杨昭尊校长和刘俊文老师的发言之后，曾宪梓学友做了长达40分钟的发言，他说："我是穷苦人，靠助学金读完中学、大学。刚毕业就经香港去了泰国，没为国家服务就走了，觉得很内疚。站在罗湖桥，我暗暗下决心，一定要艰苦努力，创造财富，将来在不同的社会环境用不同的方式回报祖国。"他还说："我参加社会活动，做了香港总商会会长6年，连续做了三届的全国人民代表大会常务委员会委员，已任职十几年了，我都十分刻苦努力，开会从不中途退出。总是坚持学习、研究，即使病得很重也还继续履行职责。在这一点上，我为客家人争了光。"

最后他说："我看大家身体健康、健步如飞，我十分羡慕。我患肾病10年了，现在是个空架子，靠机器维持生命，每天都要用2.5小时进行血透"。对宪梓的肺腑之言，同学们报以长时间的热烈掌声，这掌声里既包含了对他忠心爱国的敬佩，又包含了同窗学友的同情和祈盼，祈盼他能减轻病痛，恢复健康，多做贡献。

的确，生命对于我们来说是很短暂的，但同窗情谊却天长地久。

下午的各班座谈会，是业绩成果展的延续，也是业绩成果展的扩展。在会上各班同学畅所欲言，尽情倾诉：毕业50年的离别情、奋斗史以及前进道路上的各种坎坷，退休后保持健康生活的秘诀……内容丰富多彩，感人肺腑。参加会议的老师们也都敞开心怀积极参与，其中乙班舒均典老师即兴赋诗两首就是生动的一例。他朗诵道：

"弹指一挥五十秋，恰似江水向东流；喜看桃李竞艳丽，老骥伏枥乐悠悠。"

"物换星移五十载，往事历历在眼前；青春年少今何在，笑看人生心自安。"

联欢晚会更是把欢乐推向新高潮，会上主持人熊中史、王清玲风趣灵活，让大家轻松愉快，有说有唱，更有的用舞蹈的肢体语言诠释退休后的健康生活，王炳福则用传统的山歌博得大家的欢笑。张荣喜同学还唱起了童谣："月光光，秀才郎，骑白马，过莲塘……"激起大家的共鸣，全场立即同声合唱这首熟悉的儿时歌谣，仿佛又回到了天真烂漫的童年！

乙班全体同学唱的歌词表达了相聚的情怀："亲爱的同

学来相会，忆起同窗情，那该有多美。同学习，同活动，生活共描绘，风华正茂个个都有为。亲爱的同学来相会，共叙离别情，友谊增新辉，唠家常，语春秋，情感令人醉。相互激励过好后半辈。祝愿你，祝愿我，祝愿我们经受考验的这一辈。"

席散了，晚会也落下了帷幕，可是歌声、笑声依旧久久萦绕在我们的脑海中。

大家依依惜别互道"珍重"！共同期盼着2008年再度欢聚。

（2006年10月《东中校刊》复刊第二十六期）

毕业半世纪　金秋聚东山

——记高中1956届同学毕业五十周年聚会活动

叶国源

秋高气爽，艳阳普照。东中1956届高中毕业生五十周年"相约2006"大聚会终于来到。一万年太久，只争朝夕。五十年弹指一挥间，大聚会提前举办。时间就是生命，时间就是友情，时间就是欢聚。

2005年11月7日至11日，18位恩师和98位同学，加应邀出席的老伴家属共180余人，聚会东山母校。他们来自上海、山东、江西、福建、湖北、湖南、陕西、四川、广西、广东、香港、印尼、塞舌尔等地。国内国外，山南海北，济济一堂，盛况空前，浓情蜜意，终生难忘。

11月8日，全体与会校友驱车前往东中新校区参加叶剑英校区奠基与曾宪梓运动场的剪彩仪式。会场内外红旗招展，一派节日气氛。在校学生夹道欢迎，鼓乐喧天，欢声笑语，掌声雷动。参加剪彩仪式的有市委书记刘日知，副市长陈卫平，全国人大常委会委员、金利来集团有限公司董事局主席曾宪梓博士，合生创展集团公司董事长朱孟依的弟弟朱拉依先生，以及东中师生和1956届校友近千人，会上刘书记，陈副市长和曾宪梓博士先后讲了话。

剪彩礼前，先到东山书院参观。这座与叶帅和近代文化名人黄遵宪有密切关联的书院，经校友和社会各方捐款赞助，修葺一新。这里举办了东中1956届高中毕业生业绩成果展览。参展对象是高级职称、行政副处级以上者。有博士、博士生导师、硕士生导师，有享受国务院特殊津贴的专家学者、教授、副教授、将军、处级干部和企业家等，藏龙卧虎，林林总总，共百余人。其中以工商界的曾宪梓最为突出。他是校友的精英，校友的楷模，东中的骄傲。展览有本人玉照、业绩简介、实物成果，图文并茂，美不胜收。

剪彩礼后，在小礼堂召开主题大会。梁松校长、张漳乔、刘俊文、张庆培、吴慧翘、舒均典、何管略、袁志坚、奈汉熙、侯灿等十多位恩师参加。别时容易见时难，师恩重如山，情缘深似海。为了报答老师对我们的教导栽培，宪梓同学为恩师各送上一千元礼金，李干文、赖其良同学亦代表1956届校友向18位恩师各送上一千元礼金。物轻人意重，钱薄情意浓。同时，为表达我们的心意，捐款10700元作东山书院维修费，尽我们的一点微薄之力。尊师重教一如既往，记挂母校地久天长。会上杨永新同学给母校赠送了一座神舟六号模型，还有一位学友给母校送上一幅亲手绘制的国画。校友会常务副会长黎璜玉代表母校向我们回赠了礼品。

主题大会由林孟光同学主持。母校杨昭尊校长，校友会黎璜玉常务副会长、谢荣伟秘书长、钟原方常务理事光临了大会。杨校长代表学校欢迎老师和同学们归宁举行毕业五十周年聚会，给我们介绍了母校近几年的发展情况和今年高考取得的丰硕成果以及今后母校发展前景，使我们这些老校友深受鼓舞，为我们曾是东中学子感到骄傲，为母校这几年日新月异的变化、取得的丰硕成果而自豪。梁昶环同学首先代表筹委会致辞，详尽地说明策划组织大聚会的缘由和经过，并阐述了大聚会的深远意义。接着宪梓讲话，畅谈人生与事业，生活与健康，理想与抱负。讲话长达一个多钟头，侃侃而谈，娓娓动听，妙语连珠，诙谐风趣，不时为掌声所打断。宪梓没有辜负客家人对他的期望：从一部衣车街边摆摊干起，把自己生产的领带从几元一条提高到几百元一条。从无到有，从小到大，从近到远，从不知名品牌到名扬四海的世界名牌。"金利来"是曾宪梓创造的品牌，是香港的品牌，中国的品牌，世界的品牌，也是客家人的品牌。埋头苦干、刻苦耐劳、敢于拼搏、善于经营、勇于创业的宪梓精神，令人啧啧称赞。业绩有目共睹，成就群众赞颂，宪梓得到各级领导和人民群众的信任：先后担任了嘉应商会会长，中华总商会副会长，港事顾问（国务院特聘），香港特区筹委会、预委会和选委会的成员，被授予名誉博士，被选为省政协委员，全国人大常委会委员等，1997年还荣获香港特区政府颁发的大紫荆勋章。七百多万人的香港，就只有宪梓一人是全国人大常委会委员，信誉度之高由此可见一斑。实至名归，辛劳的反馈，创业的回报。这是香港人的骄傲，客家人的光荣，东山人的翘楚！"创业写人生，勤奋著辉煌。财富为报效，永生美名扬。"报效祖国，报效社会是曾宪梓的最大心愿。以报效乡梓为荣，以为富不仁为耻，这就是曾宪梓的荣辱观，这就是曾宪梓的人生价值取向观。宪梓在香港不算最富有，但凭借爱国爱乡之心，至去年底他一共捐献出五亿七千多万元给国家。金利来原有资产九十七亿，但被亚洲金融危机吞噬了七十多亿，现只剩下二十多亿了。宪梓捐钱之多，捐钱之广，实属罕见慷慨。反过来看看这位香港富豪的个人生活，会令人大吃一惊或不可思议：一双皮鞋穿了六年之久，每餐仅拾元钱。几十年来烟酒不沾，不去夜总会、歌舞厅，不去赌博，粗茶淡饭，过着平民百姓生活。改革开放，搞活经济，一批批人富起来，大款富豪到处都有。有的富人"温饱思淫欲"，吃喝玩乐，一掷千金。然而，宪梓"出污泥而不染"，洁身自爱，勤俭节约，富日子当穷日子过，却时时处处考虑国家社会，处处时时为人民着想，视金钱为粪土，看名利如浮云，不以物喜，不以己悲。这就是曾宪梓的处世理念和人生哲学。富豪过日子，当学曾宪梓矣！宪梓已过古稀之年——七十有三，身体不算很好，尚且如此爱国爱乡，实属难能可贵，深受国人乡人赞誉。我们在此祝愿宪梓健康长寿！好人一生平安。

刘俊文恩师讲话，"希望年年有今日，岁岁有今朝。"我们殷切期望老师在人生道途上越走越好，充分享受新时代的阳光、雨露和幸福。"祈求恩师福寿康，尊师爱校永不忘。来年他日再相聚，东山岌上更欢畅。"

8日下午在客都大酒店分班座谈人生感悟。"寻找往事踪迹，畅谈人生感悟。憧憬夕阳美景，个个争相叙谈。"谈事业，谈家庭，谈儿孙，谈养生，谈保健。既有欢声笑语，又有唏嘘遗憾。推心置腹，以诚相见。重逢恨晚，情意绵绵。"半个世纪一瞬间，依稀别离五十年。坎坷沧桑迎盛世，东山学子谱新篇。今朝有幸来相会，谈笑风生话从前。"

当晚大家一起游览梅州市容。改革开放给家乡带来巨变，大家都有"认不出来"的感觉。只见街道广场、民居店铺，到处霓虹闪烁，流光溢彩，车水马龙，熙熙攘攘。梅州人悠闲自在地过着各自的夜生活：或唱山歌或跳"国标"，或健身运动或喝茶宵夜，或逛公园马路或去超市购物……凡此种种，不一而足。处处荡漾着和谐氛围，到处充满了客家人的情怀，一派繁荣昌盛、歌舞升平的景象。尤其是飞卧梅江上的四座大桥，犹如四道彩虹飘落人间，真是名副其实的侨（桥）乡啊！

9日天气爽朗，秋风习习。参观叶帅故居、纪念馆、游览灵光寺和雁鸣湖。叶帅故居古朴端庄的怀旧情愫，叶帅纪念馆彪炳业绩的百世流芳，灵光寺峰峦叠翠的佛性灵秀，雁鸣湖碧波清澈的百态千姿都给人留下难忘印象，使人乐不思蜀。这些美景胜地，我们去过多次，每次都有不同收获。再次游览参观，不是简单的重复，而是感知上的深化和认知上的升华。

10日上午参观曾宪梓中学、嘉应学院和梅县新城。新建的梅县人民广场，既气势恢宏，又古色古香，既庄重典雅，又美轮美奂，使人流连忘返，美景良辰"谋杀"了校友们不少胶卷。

中午参观金利来工厂。厂房鳞次栉比，一尘不染。蝉噪厂静，鸟鸣屋幽。仿佛走进了环境优美的公园。工人文明生产，认真劳作，做工考究，材料上乘。一条条领带，一件件衬衣，一套套西装，在生产线上移动，直至包扎装箱。令人感慨、惊叹、欣喜！世界名牌"金利来"就是靠先进技术生产出来的。

宪梓在金利来集团中心餐厅，设午宴款待师生，一一向大家介绍家庭成员，其儿媳妇黎瑞恩是香港歌星，没有让她一展歌喉，实是遗憾！宴会欢歌相伴，热闹非凡，觥筹交错。"情长谊深举酒杯，共祝诸君寿绵延。酒逢同窗百杯少，但愿千里共婵娟。"席间宪梓高歌一曲《没有共产党就没有新中国》，中气十足，声音洪亮。歌声唱出了百姓肺腑之音，道出了社会生活真谛。张渔生同学赠送手书"同窗翘楚，母校之荣"的条幅给宪梓，高度评价宪梓的创业伟绩。宴前宴后，大家争相跟宪梓合影，老友照，合班照，全体照。让这难忘时刻留下永恒的记忆，让子孙后代分享美好瞬间的幸福。

这次大聚会，本着有钱出钱，有力出力，钱多出多的原则，参与者每人交三百至六百元不等，个别出资千元以上。宪梓为大会赞助八万元现金，还给每个男士赠送一条金利来领带，给女士送一个钱包。旅居印尼的张抗祥、王清玲伉俪还给每位学友赠送旅游提包一个。

10日晚，友谊宾馆豪华歌舞厅举行文艺联欢晚会。晚会序幕是跳交谊舞，随着舞曲播放一对对男女走进舞池。时而"快三"，时而"慢四"。古稀之年的爷爷奶奶级人物，跳起舞来，一点也不含糊，挺胸收腹，腰杆硬朗，舞步轻盈，动作敏捷，如水银泻地般酣畅淋漓，没有丝毫龙钟老态。好像要让时光倒流，不知"老之将至"，"老夫聊发少年狂"矣！交谊舞以林焕华伉俪跳得最为美妙。

接着是各班合唱。甲班人多势众，由恭伯之子李耿光指挥，唱《永远是朋友》，男声女声，二重混声，唱出了人类心声：新朋友，老朋友，让我们永远是朋友。朋友多了路好走，朋友多了春长留。丁班驾轻就熟走捷径，合唱东中读书时唱过的《在太行山上》，在篮球王黄棉的娴熟指挥下，歌声雄壮，音律和谐，令人如痴如醉，使听众仿佛回到那硝烟弥漫、艰苦卓绝的战争年代，体味前辈开国的艰辛，幸福来之不易。戊班回校同学只有十人左右，略显势单力薄，但他们"量身定做"，选曲准确，《团结就是力量》，人少声大，气势磅礴，大有排山倒海、扭转乾坤之势。

最精彩的是个人演唱。当中学教导主任多年的陈锡崇退休后，对声乐情有独钟，结下不解之缘。时时练唱，到处登台，乐此不疲，充分利用"爹妈给的好嗓子"。今晚闪亮登场唱《想家的时候》，字正腔圆，行云流水，上了档次，倾倒观众，被称为"准专业歌手"。张抗祥王清玲夫妇分别用印尼语和汉语演唱印尼歌曲，听者耳目为之一新，夫唱妇随，琴瑟和谐，悦耳动听，把观众带到具有东南亚风情的千岛之国——印尼。在香港经商几十年的叶国植上台唱客家山歌，乡音土语，原汁原味，客家风情浓厚，歌声嘹亮，很有亲和力，令人击节称赞。身为中学校长的温进灿，长期生活在基层，多才多艺，会弹会唱，唱电影插曲，韵味十足，赏心悦目，娱乐性较强。体育老师灿伯虽然年过八十，但利用身体优势，表演强项猴拳，抓耳挠腮、举止滑稽，动作灵活，形似神似，惟妙惟肖，让人赞叹不已。这启迪人们：生命在于运动，运动使人康寿。有位不知名的女性家属表演柔道软功，刻意打扮，精心包装，玲珑剔透，珠圆玉润，年轻亮丽。只见她弯腰曲背，蛇行斗折，令人目不暇接，浑身充满青春活力，张荣喜演绎压轴戏，标新立异唱客家儿歌《细佬哥》，老来俏唱儿歌，奶声奶气，有板有眼，童真童趣，活灵活现，使个别听众笑得前仰后合，老泪纵横，不能自已。

曲终人散，余音缭绕。世上没有不散的筵席。来也匆匆，去也匆匆。"几天欢聚喜悠悠，同窗学友情更浓。2008再相见，欢聚欢畅乐融融。"

2006.7.28修改于丽江

（选自2006年10月《东中校刊》复刊第二十六期）

难忘香港之行

张秋霞

　　2007年7月下旬，全国人大常委会委员、东中校友曾宪梓先生率领香港全国人大、政协委员一行20余人视察湖南。在长沙期间，我与张运昌、丘武兴、王崇礼等东中校友专程拜访了宪梓学友，大家相见无比亲切，但宪梓忙于公务，两次相聚仅有几十分钟时间。因此，在长沙他就向我们发出邀请——邀请我们携眷赴港团聚，以享人生友情。12月初，我们一行8人用宪梓学友提供的往返机票飞抵深圳，随即转乘金利来集团公司的汽车，经绿色通道，顺利便捷通关抵达香港。

　　我们在香港逗留6天。在宪梓学友的精心安排下，我们游览了黄大仙庙、海洋公园、山顶、迪斯尼乐园、维多利亚港湾、会展中心、浅水湾、兰桂坊等香港著名景点，尽览香港的市容市貌，还参观了金利来集团总部。

　　我们此次来港的成员，属于东山中学不同届的校友，宪梓学友安排了毕业于东山中学的30余名在港校友举行团聚会。白驹过隙，一晃50余年，这次同学相见，彼此耳鬓斑白，但相聚尽欢，叙谈天下事，畅谈东中校园生活，谈笑间，恍惚又回到朝气蓬勃的青少年时代，真是一次难得的聚会。

　　香港地域狭小，人口稠密，但交通秩序井然，市容市貌整洁，美丽的维多利亚海港之夜，车水马龙的繁荣都市，给

我们留下美好的印象。但更让我们难以忘怀、印象深刻的还
是宪梓学友的热情友善、勤劳节俭，秉性忠厚、爱国爱乡的
情怀。

　　我们探亲团，应该说是夕阳红观光团，都年逾古稀。经
宪梓学友的细心安排，日程得当，陪团人员、司机热情周
到，游览参观疏密有致、劳逸结合，游览中毫无倦意。每天
最欢乐、最有趣的是在宪梓学友家的聚会，也就是每天餐桌
上的聚会。为表示诚意，宪梓学友每日均安排我们在他家用
餐。每次就餐，欢声笑语，往往历时两个多小时。如果说国
内公务活动在餐桌上解决问题，这次我们则在餐桌上交流情
感。天南地北，相隔千里，宪梓学友温文尔雅，与我们同学
平等相待，没有一点"阔佬"恶习。聚会中，谈得最多的是
宪梓学友的人生之路及其待人处世的心得。宪梓的朴素语
言，蕴藏着深厚的哲理，从中我们知道宪梓一生受尽了各种
磨难，是凭借勤劳节俭、不辞艰辛，才创造了事业之辉煌。

　　宪梓学友的勤劳节俭、精打细算经此行接触后，可见
一斑。招待我们的饮食以健康、合口为准，特别安排了客
家"酿豆干"、丙村"开锅肉丸""捶丸""鲩丸"，还有从梅
县带回来的具有家乡风味的梅县沙田柚、红心番薯等环保水
果蔬菜。宪梓夫人黄丽群女士还亲自下厨做了最具家乡特色
的"味酵粄""仙人粄"，正宗、味美、可口，吃得我们"肚
胀""叫苦不迭"，也勾起了我们的思乡之情，诱发了我们的
许多遐想。每次他均向佣人一再交代饭菜量足够吃为宜，不
能糟蹋浪费。一次，宪梓学友特陪我们参观跑马场并在该餐
厅用餐。饭毕，略剩少许，非得让年轻力壮的司机及专职陪
同人员实施"三光政策"。宪梓学友牢记"粒粒皆辛苦"，从

不奢侈浪费直至腰缠万贯，实属难能可贵！但他对公益事业，热情慷慨，一掷千金（宪梓学友抵达长沙，一下飞机，就宣布捐赠200万元给湖南希望小学），为国内公益事业已捐出人民币8亿多元。在金利来集团总部业绩展览厅，因其爱国爱乡，为公益事业做出积极贡献所获得的荣誉证书证件，摆满了展厅。勤劳节俭，不奢侈摆阔，实事求是，不夸夸其谈，宪梓学友的优良品德值得我们学习。

曾宪梓校友邀东中同窗香港游

蓝凤翔

香港中华总商会副会长曾宪梓先生，邀请东山中学1956届高中在梅同窗和老师32人旅游香港，与10余位旅港同窗聚首叙旧，互相勉励为建设家乡贡献力量。旅游团已于日前返梅。

这次，曾宪梓先生不惜耗资20万港元，邀请在梅老同学聚首于港岛，目的是让大家重温旧谊，开阔视野，以便更好地为家乡建设服务。

在港期间，旅游团受到曾宪梓、黄丽群夫妇盛情款待。大家回忆起三年东山共砚，其后各奔前程，饱经风霜的经历，不免感慨万千。曾宪梓先生一再表白他对家乡的一往情深。这几年来，他共捐资一千几百万港元，用于发展家乡的文化教育事业。他还表示，以合资兴办的银利来领带厂盈利全部捐赠给家乡。他说，自己虽非豪富，但总不能忘怀故乡的哺育之恩，今日尽此绵力，是以另一种方式报效。他希望在梅同窗，能进一步解放思想，不要怕流言蜚语，为振兴家乡的经济和文化教育事业做出不懈的努力。

旅游团还受到香港东山中学校友会的热情欢迎。东中老校友、知名人士李世安先生、刘锦庆先生等假座香港嘉应商会，与大家祝酒倾谈。

跌倒了再爬起来

管火荣

我和曾宪梓同窗10余年，共同度过中学和大学阶段，我了解熟悉他的性格和爱好。

1956年高考，我和宪梓意外落榜。这让他的高中老师深感意外，校长在全校大会上谈及经验教训时，专门以宪梓作典型，批评他谈恋爱分心，只报清华北大，过高估计自己。这让他痛苦万分，十分彷徨和内疚；深深感到对不起老师，也对不起含辛茹苦的母亲和寄予他厚望的土改队的同志。

今后往哪里去？路在何方？前途问题严重摆在我们面前。

正在这个时候，广东省某建筑工程公司到梅县招收高中毕业生，招收单位一再声明，是国家干部待遇，先去读书，然后分派工作。

来到省建公司，工作性质和环境大大出乎我们意料，住的是石棉瓦围绕起来的工棚，到处透风。夏天热得像蒸笼，冬天冷得像冰窖，下雨时还漏雨。木板搭的睡床一张挨一张。上面睡人，床底下堆放各种建筑材料。人味、油漆味、粉尘充斥整个工棚。晚上打呼噜的，说梦话的，此起彼伏。工地上艰苦的日子和食住环境倒不是过不去，关键是这样下去前途渺茫。

经过几个月的思想斗争和反复权衡，宪梓做出抉择：返回老家去，重考大学。在他带动下，我也返梅县重考。

重考，谈何容易！当时的高考落榜生，特别是农村来的落榜生，除了亲人和朋友的安慰外，学校是不管的，考不上就回家，自谋出路，没有复读这一措施。对于落榜生，旁人会投于冷眼，自己往往也觉得抬不起头。如作为社会知识青年去报考，在准备考试的过程中，没有老师辅导，没有高考资料，没有参考题、重点复习内容等，和应届毕业生相比差别很大。

1957年，当时国家建设正处在"马鞍形"的底部，各项指标包括高考招生数量都比前一年和后一年大大减缩，升学难度空前增大。回到老家，我们和几位落榜的同学一起，在学校附近租了一间民房，不分昼夜埋头复习。没有考试资料，就通过熟人、师弟们去找，同学之间展开竞赛，看谁记得牢，背得熟。经常互相讨论，互相对题，互相启发。酷热的天气里、昏暗的灯光下，几位求学心切的青年，跨越一个又一个汗流浃背的白天，度过一个又一个被蚊虫叮咬的夜晚。

功夫不负有心人。经过几个月的奋斗，我们终于考上广东最有名的高等学府——中山大学的生物系动物专业。

进入中大以后，宪梓牢记前一年高考失利的教训，十分珍惜来之不易的再学习机会。那时的大学生没有固定的课室座位。不同科目上课的地点不同，老师各异。同学们急急忙忙吃完早饭便背着书包，从中大东区步行到中区各教学楼上课。课后各人到图书馆或在宿舍里预习复习，做老师布置的作业。宪梓4年多时间里和大家一样，勤勤恳恳，扎扎实实，于1962年初顺利完成学业。离开母校走上新的工作岗位。

他和全班绝大多数同学不同的是，他年纪比我们大，上大学前已经结婚成家，有了自己第一个心肝宝贝——曾智谋。上大学后，他爱人在广州市内找到一份居委会的工作，住在人民南路一幢五层楼上的小阁楼里。这间阁楼不足10平方米，爬梯子上去后关上入口才能在屋内活动。夏天炎热，进去没几分钟就大汗淋漓；冬天异常寒冷，北方寒流来时四面透风，两条棉被都不保暖。他爱人一边照顾一老一小，一边工作，生活非常艰苦，宪梓读书几年间，负担之重，可想而知。宪梓不得不星期六晚上回去干点家务活，照顾孩子、妻子和母亲，星期天晚上或周一早上匆匆赶回学校。在那样不利的环境下，他能顺利完成学业，出色地组织全班同学开展各项体育活动，实属不易。

1958年的"大跃进"，大炼钢铁，我们这一代人刻骨铭心。

那年秋冬，我们被拉到广州芳村地区的一个工地。市委要在那里建设一座钢铁厂。几所大学的低年级学生负责修筑一条钢铁厂的铁路。具体任务是从路基两侧50米开外的农田里，挑土到铁路线上筑路基。路基高出地面3—5米，从农田里挑土上去，需要爬一段斜坡。

我们年级90多个同学，一半来自农村，一半来自城镇，女同学占三分之一。来自城镇的同学，尤其是女同学，多数个子不高，瘦瘦弱弱，个别身体不好，平常毛病不少。但在那个年代，立志报国的新中国大学生们，个个斗志昂扬，热情高涨，为能参与"大跃进"贡献一份力量而自豪。

几千米长的工地上，红旗招展。白天，广播里传出激动人心的歌声、欢呼声。时而说某班某校打破什么纪录，时而传出国内什么地方粮食亩产多少万斤。"人有多大胆，地有多高产""不怕做不到，就怕想不到"成了当时的流行语。夜晚，整个工地灯火通明，人流如潮，鼓掌声吆喝声此起彼伏，十分热闹。我们食在工地，住在工地。领导简单动员后，一声令下，呼啦一下就干起来了。锄的锄，挑的挑，有的地方土很软，脚踩下去，陷到脚腰，空手都难走，何况还挑着泥担。不会挑担的同学，担子一上肩，不是前高后低，就是左右摇摆，走不到两步，倒的倒，歪的歪，摔的摔，跟跟跄跄满身泥土，十分狼狈。但谁也不退缩，谁也不气馁。虽说是冬天，气温不高，但个个汗流浃背，脸上、手上、脚上、衣服上全是泥水。

第一天下来，所有同学手脚都打了水泡，有的水泡破了还流了血。肩膀上浮起鸡蛋大的肿块，疼痛难忍，个别同学还偷偷流泪。大家晚上用热水泡脚，涂药后用纱布包上，再用胶布缠上。尽管伤痛缠身，但一天工作十几个小时，个个人困马乏，躺下就睡着了。经过3天的磨炼，绝大部分同学都适应了。大家都学会了挑担子和锄土，个个饭量大增，有的同学一顿能吃8个馒头。

在工地劳动的这一段时间，宪样出尽了风头。他个子大，身板结实，力气大。一铁锹下去，挖出的土可以装满一畚箕。他挑一担的分量等于女同学的三倍，来回挑一趟等于人家两趟。因此他手上的血泡比其他人多，两个肩膀红肿得比人家厉害。但他一声不吭，包上纱布照样拼命干活。

经过近十个昼夜的艰苦奋战，我们班提前完成了填土的任务，胜利返校。回到学校开会总结，所有同学都认为这是一次终生难忘的经历，得到了锻炼。出身城镇特别是出身大城市的同学自不消说，就是来自乡村、山区穷苦出身的同学，也从未有过这样的磨炼。有同学说："小时候缺衣少吃，挨冻受饿，但没有这么苦和这么累，长这么大还是头一回。"宪梓的发言十分深刻，他说："我解放前就辍学在家劳动，1950年得到土改队同志的鼓励，重新开始读书，在党的培育下，靠领助学金上大学，改变了我的命运。这段劳动虽苦虽累，但给了我更全面更实际的锻炼，我会好好记住它。"我们这一届同学毕业后分配到全国各地，北至黑龙江，南至海南岛，东至山东，西到新疆，好多被分配到基层中学教书，又恰遇三年经济困难时期，生活条件和工作条件非常艰苦，多数同学都坚持下来了，个别同学身体都垮了，还坚守本职岗位，就像宪梓向我们介绍他创业初期万分困难仍坚持奋斗一样，不能不说，这段经历给我们打下了良好的思想基础。

孟子曾经说，培育人才，首先要劳其筋骨，苦其心志，饿其体肤。经历让我们深深体会到，年轻时多吃点苦多受点累，对个人的成长和成熟，很有帮助。

弹指一挥间，半个世纪过去了。广州钢铁厂从当初单纯生产生铁的小厂，发展到今天拥有雄厚基础的现代化钢铁联合企业，凝聚着我们的血汗，也寄托着我们当年的殷切期望。

后 记

在百年东中的校园里，有着曾宪梓校友长达半个世纪的眷恋。他捐赠的每一栋楼宇，每一次归宁母校的身影，每一次深情的讲话，都涌动着真情，闪耀着他对东中母校以及师生爱的光辉，洋溢着他对家国的感激和热爱！这是东中的宝贵财富，后人有责任将其珍藏与弘扬。

《曾宪梓与东山中学》记录的是东中老师、同窗好友、学者、记者眼中的曾宪梓。他们从不同的维度和高度解读了曾宪梓的精神价值和生命价值，呈现出曾宪梓与东山中学"勇俭爱诚"的校训一脉相承的"勤俭诚信"的人格精神，从而更深刻生动地解读了东山精神。

每次看到这些文字和图片，就如同走进了一个深刻而又生动的灵魂世界，感受蕴含在曾宪梓智慧情感里的美，沐浴在他灵魂的清香里，享受他留给后人的精神财富。相信读者打开这本文集，用心触摸这些深刻、朴素的文字，也会被曾宪梓的人格魅力吸引，被他的忠诚、果敢、大爱感动。内心的尘垢会被慢慢拭去，充盈进一股全新力量！

曾宪梓的一生，就是一首热烈的生命之歌，这歌声最终化作了清澈的水滴，汇成了春江，涌出围龙和东山……我们的心中充满了希望，愿这江春水在师生们的心田流淌，不仅润泽那破土的萌芽，还将含了阳光的水花滴落在他们理想的田园，让树苗长成参天大树。

　　宪梓先生同窗校友的文稿，我们给予了最大程度的保留，便于读者从原汁原味的文章中，读出他们之间朴素真挚的情感。由于编辑时间仓促，水平有限，难免有疏漏和错误，欢迎方家、读者批评指正。